HOW TO SURVIVE

OHNE FUSSBALL

PHILIPP MARKHARDT

HOW TO SURVIVE
OHNE FUSSBALL

**Wie man ohne Bundesliga
überleben kann**

Mit Illustrationen
von Jana Moskito

SCHWARZKOPF & SCHWARZKOPF

INHALT

Vorwort 9
1. Wie Sie realisieren, dass Sie ein ernsthaftes Problem haben 12
2. Wie bescheuert muss man eigentlich sein? 14
3. Wie Sie realisieren, dass der Fußball das eigentliche Problem ist ... 17
4. Wie der Fußball von Funktionären zerstört wird 22
5. Wie der Fußball vom Fernsehen zerstört wird 24
6. Wie der Fußball von Ihnen zerstört wird 27
7. Wie der Fußball sich selbst zerstört 28
8. Wie der Fußball Sie zerstört 31
9. Wie der Fußball Ihre sozialen Kontakte zerstört 32
10. Wie Sie erkennen, dass das Problem gar nicht so schwerwiegend ist 34
12. Wie Sie sich selbst ermutigen, einen Schlussstrich zu ziehen 42
13. Wie Sie den ersten Schritt in eine Zukunft ohne Fußball machen .. 43
14. Wie Sie sich Ablenkung verschaffen 45
15. Wie Sie den Fußball aus Ihrem Kopf bekommen 48
16. Wie Sie den ersten Samstag ohne Stadionbesuch verbringen 51
17. Wie Sie dem Fußball im TV entkommen 54
18. Wie Sie dem Fußball in der Kneipe entkommen 57
19. Wie Sie dem Fußball unter der Woche entkommen 59
20. Wie Sie sich eine Ersatzbeschäftigung beschaffen 61

21. Wie Sie ohne Fußball innere Ruhe finden 64

22. Wie Sie sich für Ihre Standhaftigkeit belohnen 66

23. Wie Sie mit Rückfällen umgehen 67

24. Wie Sie lernen, den Fußball abzulehnen 69

25. Wie Sie lernen, den Fußball zu hassen 70

26. Wie Sie lernen, Fußballfans zu bemitleiden 72

27. Wie Sie lernen, dass Hass ein schlechter Ratgeber ist 75

28. Wie Sie Ihren Hass in positive Energie umwandeln (esoterikfrei) .. 77

29. Wie Sie Ihre positive Energie in Aktivität umsetzen 79

30. Wie wäre es mit ... eigenem Bier? 80

31. Wie wäre es mit ... einem eigenen Garten? 81

32. Wie wäre es mit ... Heimwerken? 84

33. Wie wäre es mit ... Haustieren? 86

34. Wie wäre es mit ... Schatzsuche? 89

35. Wie wäre es mit ... dem Erkunden von Lost Places? 90

36. Wie wäre es mit ... Reisen? 92

37. Wie wäre es mit ... einem Engagement als Journalist? 96

38. Wie wäre es mit ... einem eigenen Blog? 98

39. Wie wäre es mit ... einer Karriere als Fotograf? 100

40. Wie wäre es mit ... Theater 101

41. Wie wäre es mit ... Kochen? 103

42. Wie wäre es mit ... Weiterbildung? 105

43. Wie wäre es mit ... ehrenamtlicher Arbeit? 107

44. Wie wäre es mit ... Angeln? 109

45. Wie wäre es mit ... Umweltschutz? ... 111
46. Wie wäre es mit ... Kunst? ... 113
47. Wie wäre es mit ... Musik? ... 114
48. Wie wäre es mit ... Festivalbesuchen? ... 116
49. Wie wäre es mit ... Minigolf? ... 119
50. Wie wäre es mit ... Flohmarkt? ... 121
51. Wie wäre es mit ... Kegeln? ... 124
52. Wie wäre es mit ... Darts? ... 125
53. Wie wäre es mit ... Wintersport? ... 127
54. Wie wäre es mit ... Wassersport? ... 130
55. Wie wäre es mit ... Rugby? ... 133
56. Wie wäre es mit ... American Football? ... 136
57. Wie wäre es mit ... Handball? ... 138
58. Wie wäre es mit ... Marathon? ... 138
59. Wie wäre es mit ... Literatur? ... 141
60. Wie wäre es mit ... Fußball? ... 144
61. Wie wäre es mit ... Groundhopping? ... 145
62. Wie wäre es mit ... Jugendfußball? ... 154
63. Wie wäre es mit ... einer aktiven Karriere? ... 157
64. Wie wäre es mit ... einer Karriere als Schiedsrichter? ... 163
65. Wie Sie einen Verein gründen ... 166
66. Wie Sie mit Ihrem Verein den Fußball bereichern und verändern .. 197
Nachwort ... 201

LIEBER LESER!

Vorwort

Danke, dass Sie sich für dieses Stück Qualitätsliteratur entschieden haben. Neben Dank gebühren Ihnen allerdings auch Respekt, Anerkennung und Lob. Außerdem sind Sie zu beglückwünschen.

Entweder waren Sie es nämlich, der erkannt hat, dass Sie dringend Rat benötigen, oder, was auch nicht unbedingt schlechter ist, in Ihrer unmittelbaren Umgebung gibt es Menschen, die sich ernsthaft Sorgen um Sie machen und nun mit dem Kauf dieses Buches für Sie die Initiative übernommen haben.

Dieser kleine, sympathische Ratgeber soll Ihnen Anleitung sein, Hilfe zur Selbsthilfe, Ihre Rettung aus der fußball- beziehungsweise bundesligalosen Zeit. Hierfür hat der Verlag keine Mühen gescheut und Ihnen die Erfahrungen eines erfolgreichen Bundesliga-Abstinenzlers zugänglich gemacht. Vielleicht denken Sie daran heute Abend in Ihrem Nachtgebet oder wenn Sie demnächst mal ein Geburtstagsgeschenk für gute Freunde benötigen!

Doch lassen wir den Spaß beiseite; das Thema ist zu ernst, um darüber zu scherzen. Ein Tag ohne Fußball ist ein verlorener Tag. Das wusste bereits der »Grantler« Ernst Happel, ehemals erfolgreicher Fußballtrainer, unter anderem beim

Hamburger SV angestellt, zu konstatieren. Und das macht die Sache natürlich nicht unbedingt einfacher. In diesem unserem Land, wo dem Fußball die Königswürde verliehen wurde, weil er das Leben nicht nur einer ganzen Region (der Pfalz, wie Sie nicht erst seit Kurt Beck wissen werden), sondern vielmehr einer ganzen Nation bestimmt, ist es also nicht ganz leicht, ohne ihn, den König Fußball, zu überleben. Aus diesem Grunde wollen wir es erst einmal nur mit der Bundesliga versuchen. Das ist zum einen am schwersten und am leichtesten zugleich, zum anderen aber vor allem auch am dringendsten.

Ich erzähle Ihnen sicherlich keine Neuigkeiten, wenn ich sage, dass die Sommerpause für eine Nation von Fußballabhängigen in etwa so etwas Furchtbares bedeutet wie für den Heroinjunkie der berühmte Affe. Soll heißen, man befindet sich auf Entzug und glaubt, man werde dies nicht überleben. Beim Fußballfan dauert das Ganze allerdings deutlich länger, nämlich im Worst-Case-Szenario mehrere Wochen und Monate! Abhilfe vermögen da leider auch keine Welt- oder Europameisterschaften und die damit verbundenen Besuche sogenannter Fanfeste zu schaffen, denn diese sind doch eben nur eine Versammlung solcher Menschen, die im wahren Leben den Sportteil morgens in der Bahn gar nicht erst lesen und sowieso nur des Feierns und der »Pardeeeyyy« wegen vor Ort sind.

Andererseits gibt es natürlich auch Menschen, die dem Bundesligazirkus den Rücken kehren wollen oder müssen. Die voranschreitende Kommerzialisierung, der ständig hineinredende Investor, Anstoß zu unmöglichen Tageszeiten und der stete Drang nach dem großen Geld können einem als Fan gründlich die Laune am Volkssport Nummer eins verhageln. Sie zweifeln gerade, ob Sie sich das Ganze noch antun oder Ihrer großen Liebe doch den Rücken zukehren wollen? Hier finden Sie Bestätigung und die nötigen Hinweise, wie Sie sich vom Profigeschäft lösen.

Und dann sind da ja noch die armen Kreaturen, die am meisten zu bemitleiden sind: Fans, die sich zwischen Fußball und Partnerschaft entscheiden müssen, denen die Pistole auf die Brust gesetzt wurde. Auch wenn es heißt »Partner kommen, Partner gehen, nur mein Verein, der bleibt bestehen«, soll dieses Buch im Worst Case helfen und einen Neubeginn ohne Sport, dafür mit Besuchen bei Verwandten und Freunden, auf Kunsthandwerksmärkten und in Ausstellungen ermöglichen.

Wie überlebt man also ohne Bundesligafußball? Dessen wollen wir uns in den folgenden 66 Kapiteln annehmen. Ziehen Sie aus jedem Kapitel einen sogenannten Benefit für sich und profitieren Sie vom Wissen um dieses globale Problem, damit Sie es erfolgreich überwinden!

Herzlichst,
Ihr Philipp Markhardt

1

WIE SIE REALISIEREN, DASS SIE EIN ERNSTHAFTES PROBLEM HABEN

Sagen Sie bei Geburtstagen und Hochzeiten nur zu, wenn die Termine nicht mit dem Auswärtsspiel Ihres Clubs kollidieren? Feiern Sie Ihren Geburtstag immer im Sommer nach, weil »da das Wetter besser ist«, Sie aber eigentlich mitten in der Saison einfach keine Zeit haben? Falls Sie verheiratet sind: Liegt Ihr Hochzeitstag in der spielfreien Zeit? Sind Sie schon einmal an einem Wochentag umgezogen, weil am Wochenende Ihr Verein ein wichtiges Spiel gegen Hoffenheim, RB Leipzig oder Wolfsburg hatte? Sind Sie wegen Ihres Lieblingsclubs schon einmal umgezogen? Haben Sie einen Toaster, der Ihr Clubemblem ins Brot röstet? Übernehmen Sie in der Weihnachtszeit und im Sommer freiwillig die Schichten im Büro, damit Ihnen Ihr Chef im November unter der Woche einen halben Tag frei gibt? Haben Sie Ihren Jahresurlaub in den letzten Jahren für Auswärtsspiele Ihres Vereins verbraucht? Schlafen Sie als erwachsener Mensch immer noch in der Bettwäsche Ihres Vereins? Boykottieren Sie bestimmte Produkte, weil diese mit dem Erzrivalen Ihres Lieblingsclubs in Verbindung stehen? Lassen Sie sich das Trikot Ihres Lieblingsvereins mit einem Spielernamen bedrucken oder mit Ihrem eigenen? Kennt Sie der Bierverkäufer im Stadion mit Vornamen? Und der Ordner in Ihrem Block? Würden Sie Ihrem Partner im Stadion Ihres Vereins einen Antrag

PARTNER KOMMEN, PARTNER GEHEN, NUR MEIN VEREIN, DER BLEIBT BESTEHEN...

machen? Hat Sie schon einmal Ihr Partner wegen Ihres Vereins verlassen?

Wenn Sie eine oder mehrere dieser Fragen mit »ja« beantworten können, dann haben Sie höchstwahrscheinlich ein ernsthaftes Fußballproblem. Ganz sicher haben Sie allerdings ein ernsthaftes Fußballproblem, wenn Sie folgende Frage mit »ja« beantworten können: Hat Ihnen jemand dieses Buch geschenkt?

2
—

WIE BESCHEUERT MUSS MAN EIGENTLICH SEIN?

Geben Sie es doch zu, diese Frage haben Sie sich auch schon oft gestellt! Zwischen mehrmals (Bayern-Fan) und unzählige Male (Fan eines beliebigen anderen Vereins). Denn jeder kennt doch diese Situation: Auswärtsspiel unter der Woche, und Sie als Fan des VfB Stuttgart sind nach Hamburg gereist, haben dafür einen oder zwei Tage Urlaub genommen und sind zum Dank mit einer 0:3-Schlappe aus dem Stadion geschlichen. Es regnet in Hamburg – wie immer –, und nach dem langen und ungemütlichen Weg durch den wenig bis gar nicht erleuchteten Volkspark sitzen Sie nun im Auto, das sich im endlosen Abfahrtsstau in Hamburg-Stellingen befindet. Unnötig zu erwähnen, dass Sie auf dem Weg zum Auto noch in eine riesige Pfütze getreten sind. Und weil es damit noch nicht genug ist, sind Sie zum Fahrer auserkoren worden und sinnieren über die Arbeitsverweigerung Ihrer Elf, während vier Ihrer Freunde es sich bei einem Bier als Ihre Mitfahrer in Ihrem Ford Siesta gut gehen lassen. Den ersten Pinkelstopp legen Sie noch vor dem Elbtunnel auf dem Seitenstreifen ein, denn im Elbtunnel ist wieder einmal nur eine Röhre geöffnet, sodass sich der Abfahrtsstau auf der A7 fortsetzt. Kurz hinter dem Elbtunnel ist dann das Bier Ihrer Mitfahrer aufgebraucht, weshalb Sie an der nächsten Raststätte anhalten müssen. Der kurze Boxenstopp (»In fünf Minuten sind aber alle wieder hier!«) wird für Sie zur Geduldsprobe, weil Sie zum einen nicht die einzige Besatzung sind, die von diesem grundlegenden Versorgungsengpass deutscher Fußballfans betroffen ist, und weil Ihre Mitfahrer vorsichtshalber noch einmal die Blase entleeren. Leider ist in der Zwischenzeit eine Buskolonne Ultras Ihres Vereins eingetroffen, die ähnliche Probleme plagen. Somit verzögert sich der Bierkauf.

Als endlich alle wieder am Wagen sind, hat Ihr Beifahrer, passionierter Kettenraucher übrigens, sich gerade noch seine vierte Zigarette hintereinander angesteckt, weil Ihr Pkw ein Nichtraucherwagen ist und Sie vor der Fahrt angekündigt haben, nur alle zwei Stunden anzuhalten. Er, der mit Ihnen seit Jahr und Tag zu Auswärtsspielen fährt, kann ja nicht wissen, dass Ihre Ankündigung wie immer über den Haufen geworfen werden muss, weil ein weiteres Mitglied Ihrer Autobesatzung nach dem Genuss von Bier ständig austreten muss. Somit halten Sie also jede Stunde auf einem Parkplatz an, wo sich das Spiel mit den Zigaretten natürlich wiederholt. Kurz hinter Kassel ist Ihr Beifahrer eingeschlafen, obwohl er vor der Fahrt großspurig erklärt hatte, dass er Sie gern wachhalten werde, wenn Sie die gesamte Rückfahrt übernehmen. Natürlich hat er sein Bier vorher nicht ausgetrunken, weshalb er es im Schlaf auf die Fußmatte schüttet. Unterdessen singen Ihre Freunde auf der Rückbank in x-ter Wiederholung die Stadionklassiker aus ruhmreichen Zeiten mit, weshalb Sie extrem genervt in Kirchheim von der Autobahn fahren, um etwas Luft zu schnappen. An Fußballdeutschlands beliebtestem Autohof (das ganze Dorf scheint aus für Fußballfreunde überlebenswichtigen Gastronomiebetrieben zu bestehen, aber wem erzähle ich das) sind Sie natürlich nicht die einzigen Fans, weshalb es auch hier wieder etwas länger dauert, bis Sie weiterkommen. Dieses Mal stehen Ihre Mitfahrer bei einem der beiden Burger-Restaurants hinter einer Busbesatzung aus Hannover, die im Süden der Republik war und aufgrund ihres Auswärtssieges höchst euphorisch ist. Daher schmieren Ihnen die Leinestädter auch aufs Brot, dass ihr Team jetzt an Ihrer Mannschaft in der Tabelle vorbeigezogen ist. Als ob Sie das nicht selbst wüssten …

Je weiter Sie nun fahren, desto ermüdender wird die ganze Sache jetzt für Sie. Auch auf der Rückbank schläft man, und Sie müssen sich krampfhaft wachhalten. Da trifft es sich ja fast schon, dass aufgrund eines Verkehrsunfalls kurz vor Stuttgart noch eine Vollsperrung auf Sie wartet, in der Sie eine weitere Stunde verbringen. Als Sie endlich zu Hause ankommen, nachdem es noch einmal 45 Minuten gedauert hat, bis Sie Ihre Mitfahrer vor der jeweiligen Haustür abgesetzt haben, steht Ihre Frau gerade auf, um zur Arbeit zu gehen. Sie kennt natürlich das Endergebnis, und beim erbärmlichen Anblick ihres Göttergatten entfährt ihr ein Gedanke, den Sie bereits in Hamburg auf dem Parkplatz hatten: »Wie bescheuert muss man eigentlich sein?«

3
—

WIE SIE REALISIEREN, DASS DER FUSSBALL DAS EIGENTLICHE PROBLEM IST

Der Fußball ist das große Problem in Ihrem Leben! Glauben Sie nicht? Ist aber so! Nehmen wir zum Beispiel Ihre Schulzeit: Im Leben eines jungen Menschen kommt der Tag, an dem er sein Herz an einen Fußballclub verliert. Das ist meist in der frühen Jugend, in der man begeisterungsfähiger ist als zu jedem späteren Zeitpunkt des Lebens. Man gibt sich mit Haut und Haar dem Fußball hin. Nach der Schule geht es auf den Bolzplatz und mindestens einmal in der Woche auf den Trainingsplatz des Vereins. Hier eifert man den großen Vorbildern aus der Bundesliga nach. Hausaufgaben sind da nur lästige Bitten von Personen, die einen beim Kicken auf dem Schulhof unterbrechen, und statt sich durch die Klassiker deutscher Literatur zu arbeiten, wird lieber der Kicker auswendig gelernt – inklusive aller Statistiken zum aktuellen Spieltag.

Schule ist also eine eher unangenehme Randerscheinung, wenn sich die jugendliche Welt doch eigentlich nur um den

Verein dreht, und das erforderliche Pensum an Lernübungen wird nur dann absolviert, wenn die Eltern unnachgiebig und mit Ausdauer auf die Erledigung pochen. Das wird mit der Zeit leider nicht besser, sondern immer schlimmer, denn mit dem Heranwachsen entdecken Sie als junger Fan, dass man am Sonnabend (oder einem anderen Tag der Woche, dazu aber später mehr) seine Zeit auch hervorragend im Stadion verbringen kann, und das nicht nur als Spieler auf dem Platz, nein, auch als Fan in der Kurve, die einen seltsamen und unwiderstehlichen Reiz ausübt. Nun mag man meinen, dass dies ja kein Problem sein sollte, doch Fußballspiele in der Bundesliga bestehen zum einen nicht nur aus 90 Minuten Fußball, sondern zum anderen auch aus dem Drumherum, welches mit steigendem Alter auch immer ausufernder wird. Aus dem Fußballbier wird eine Vielzahl von Fußballbieren, und während man in früher Jugend zur *Sportschau* bereits wieder zu Hause war, kann es (spätestens) mit dem Erreichen der Volljährigkeit auch schon mal passieren, dass man mit dem ersten Hahnenschrei zu Bett geht, statt ausgeruht selbiges zu verlassen. Damit nicht genug, denn das Regelwerk will es so, dass jeder Bundesligaclub abwechselnd daheim und auswärts antritt.

Exkurs: Um genau zu sein, gilt dies auch für fast alle anderen Vereine im deutschen Spielbetrieb. Eine Ausnahme bilden Mannschaften, deren Spieler hinter schwedischen Gardinen sitzen. So zum Beispiel in Hamburg die Mannschaft von Eintracht Fuhlsbüttel, die aus den Insassen der Haftanstalt »Santa Fu« besteht. Das Team hat aus nachvoll-

DER FUSSBALL IST DAS GROSSE PROBLEM IN IHREM LEBEN!

ziehbaren Gründen ausschließlich Heimspiele und steigt aufgrund dessen niemals auf.

Doch zurück zum Thema: Dreht sich Ihre Freizeitgestaltung in der frühen Jugend eh schon stets um den Besuch der Heimspiele Ihres Clubs, so sind Sie ja wenigstens noch alle zwei Wochenenden daheim, weil Ihre Mannschaft auswärts spielt und Ihre Eltern Ihnen vollkommen zu Recht verbieten, eine Bustour unter alkoholisierten Gestalten in eine mehrere Hundert Kilometer entfernte Stadt zu unternehmen, so ändert sich das – wie bereits oben angedeutet – spätestens mit der Volljährigkeit. Sie verbringen nun jedes zweite Wochenende damit, in verdreckten und lauten Bussen oder Zügen durch die Republik zu fahren. Unter der Woche nutzen Sie die Zeit, um Geld aufzutreiben, damit Sie die nächste Auswärtsfahrt finanzieren können, weil Ihre Erzeuger logischerweise nicht dafür aufkommen wollen. Die Zwickmühle: Gerade in dieser Zeit stehen natürlich auch einige nicht ganz unwichtige Prüfungen an, für die es zu lernen gilt. Lernen für die Abschlussklausur oder Auswärtsfahrt zum Hassgegner? Die Antwort hierauf kennen wir alle. Pauken ist öde, die Inbesitznahme fremden Fußballterritoriums hingegen aufregend, außerdem hat der große Typ, den sie in der Kurve immer bewundern, zu Ihnen gesagt, dass »wir« jeden Mann brauchen, um es »denen« mal so richtig zu zeigen. Ihre Abschlussprüfung wird dann auch eher »so semi«, und Ihre Mutter wirft Ihnen nicht ganz unberechtigt vor, dass das nur an »diesem Scheißfußball« liegt. Gehen Sie mal in sich! So war es doch bei Ihnen auch, oder etwa nicht?!

Gelernt haben Sie daraus natürlich auch nicht, ansonsten wären Sie am Tag vor der wichtigen Uni-Klausur ja nicht zum Auswärtsspiel in der zweiten Pokalrunde gefahren. Mit dem Bus natürlich und nicht mit dem eigenen Auto, denn das Führerscheingeld ging selbstredend für europäische Auswärtsfahrten drauf. Die Note war dann auch eher »so semi«, und Ihre Mutter … Sie wissen schon. Somit ist Ihr Abschluss dann auch nicht das Gelbe vom Ei, aber es reicht immer noch für einen soliden Job im Import/Export-Gewerbe oder bei einem großen Versicherungsunternehmen. Dort versauern Sie dann als Sachbearbeiter, weil immer dieser eine Spießerkollege befördert wird. Seine Hobbys sind lange Spaziergänge im Wald und Liebesromane vom Kiosk, und auch sonst ist er eine komplette Schnarchnase. Dafür hat er aber auch keine zwei Abmahnungen erhalten, weil der Chef ihn wiederholt trotz schwerer Krankheit oberkörperfrei durch den Auswärtsblock hat springen sehen, und er riecht nach großen Fußballfesten auch nie nach Schnaps und Bier. Kommt Ihnen bekannt vor? Dann heulen Sie sich doch bei Ihrem Partner aus! Haben Sie nicht, weil das letzte Date am gleichen Tag war wie das Spiel Ihrer Mannschaft (Platz 11, wieder mal Anwärter auf die Goldene Ananas) gegen den Publikumsmagneten aus Hoffenheim? Interessant! Beantworten Sie die Eingangsfrage jetzt bitte noch einmal.

4

WIE DER FUSSBALL VON FUNKTIONÄREN ZERSTÖRT WIRD

Sollte die Erkenntnis des vorherigen Kapitels Ihnen noch nicht die Augen geöffnet haben, lohnt es sich vielleicht, den Bundesligafußball einmal etwas genauer zu beleuchten. Dieser ist nämlich im Grunde genommen nichts weiter als ein Geschäft, in dem windige Geschäftemacher, von Gier getrieben, windige Geschäfte machen. Vermarkter, Berater, Ticketagenturen und nicht zuletzt die Funktionäre zerstören durch ihr Verhalten den Fußball so grundlegend und nachhaltig, dass Sie als Fußballliebhaber einfach gar nicht anders können, als sich von ihm abzuwenden. Das Heer derer, die sich an der Bundesliga bereichern, scheint endlos, genauso wie ihre immer neuen Methoden, um aus dem Fan auch noch den letzten Cent herauszupressen. Seien Sie ehrlich! Haben Sie sich noch nie wie eine Melkkuh Ihres Lieblingsclubs gefühlt?

Nehmen wir zum Beispiel die Ticketpreise: Natürlich ist es in England viel schlimmer als in Deutschland. Aber nur, weil man im Mutterland des Fußballs 50 Pfund für die günstigste Ticketkategorie zahlt, sind 90 Euro für die teuerste Ticketkategorie (Logen einmal außen vor gelassen) bei einem Derby in Deutschland doch nicht automatisch ein fairer Preis! Ganz im Gegenteil! Für die Begründung greift man tief in die Antwortkiste. Eines haben aber alle Antworten gemein: Der Fan ist selbst schuld an den hohen Preisen.

Erlebt man überhaupt Diskussionen zwischen Fans und Funktionären zum Thema Ticketpreise, dann ist das immerhin schon einmal bemerkenswert, denn der Funktionär an sich hat offenbar nur geringes Interesse an der Interaktion mit Ihnen und Ihren Leidensgenossen. Allerdings muss man sich auf solchen Veranstaltungen auch grundsätzlich immer ziemlich dreiste Aussagen anhören. Entweder ein emotionales und schwer verifizierbares »Ihr wollt doch Stars sehen« oder das schlichtweg verlogene »Wir müssen mit der Premier League mithalten«, was man besonders dann realisiert, wenn man sich mal die Gewinner internationaler Wettbewerbe in der jüngeren Vergangenheit ansieht.

Wehe aber, Sie müssen Ihre Tickets verkaufen, weil etwas dazwischengekommen ist! Sie kennen das sicher auch: Androhung der Enterbung, wenn Sie nicht auf Mutters 60. Geburtstag erscheinen, Liebesentzug, wenn Sie nicht zu Hause mitleiden, wenn das Kaninchen der Freundin die Treppe heruntergefallen ist. In solch einem Fall verkauft man die Tickets dann eben weiter. Natürlich zum Kaufpreis, denn alles andere wäre Schwarzhandel. Denken Sie!

Denn wenn Sie sich nicht über die vereinseigenen Kanäle um die Weitergabe Ihrer Eintrittskarten kümmern, steigt Ihnen der Club aufs Dach. Wenn Sie sich dort erst einmal angemeldet haben, merken Sie, dass die Ticketbörse Ihres Vereins von einem professionellen Ticketanbieter aus Großbritannien betrieben wird. Mit dem hat Ihr Club einen millionenschweren Deal, weshalb es auch kein Problem ist, wenn Sie Ihre Karten für das verpasste Topspiel mit 100 Prozent Aufpreis anbieten. Das finden Sie paradox? Ist es auch, aber es ist ein hervorragendes Beispiel dafür, wie die Funktionäre »ihre« Fans melken. Zugegebenermaßen erscheint es so, als sei das Thema »Ticketplattform« eines, bei dem die Vereine der Bundesliga gelernt haben, doch die Tatsache, dass man sich derartiger Deals bedient, um nur noch mehr Kohle auf Kosten des verzweifelten Fans zu scheffeln, der unbedingt zum Spiel möchte, zeigt das pervertierte System, das auch in der Bundesliga um sich greift. Und kommen Sie jetzt bitte nicht mit Fanprotesten! Wie drückte es einst ein Vorstandsmitglied eines Bundesligisten aus? »Wenn ihr die Preise nicht zahlen wollt, gibt es genug andere Leute.«

Unnötig zu erwähnen, dass es hierbei um die Dauerkartenpreise für die treuen Mitglieder ging, gell?

5
—

WIE DER FUSSBALL VOM FERNSEHEN ZERSTÖRT WIRD

Sie kennen das als Fußballfan sicher: Man ärgert sich erst schwarz, weil die Deutsche Fußball-Liga (DFL)mit dem Rahmenkalender für die kommende Bundesligasaison auf sich warten lässt, und später mehrfach, weil sie die Partien Ihrer Mannschaft zum einen viel zu kurzfristig vor dem Spieltermin und dann auch noch ohne Beachtung der 350-Kilometer-Regel festgelegt hat.

Wenn jemand behauptet, dass früher alles besser war, dann kommt meist ein schlauer Kopf um die Ecke und behauptet, dass dies so pauschal ja nun nicht stimme. Hinsichtlich der Bundesligaspieltage ist dem aber tatsächlich so. Oder etwa nicht? Erinnern Sie sich mal: Das Heimspiel war am Samstag um 15.30 Uhr, das war in Stein gemeißelt, und daran war nicht zu rütteln. Am Anfang einer jeden Saison konnte man sich seine Fahrten ausbaldowern und mit Glück auch faire Fahrpreise für die Bahn ergattern. Am nächsten Tag konnte man ausschlafen, und Montag ging es wieder zur Maloche.

Ja, früher. Heute ist das anders. Mittlerweile spielt die Bundesliga Freitag bis Sonntag, in englischen Wochen außerdem Dienstag und Mittwoch. Ab 2017 soll zudem auch am Montagabend gekickt werden. Das ist natürlich vollkommen logisch, denn der Montag wurde ja bereits von den Zweitliga-Anhängern durch spitze Jubelschreie und spontane Ohnmachten gefeiert. Wer denn nun an welchem Tag spielt, das entscheidet … das Fernsehen, hätte ich fast geschrieben. Aber das stimmt natürlich nicht. Das entscheiden die Funktionäre der DFL im Sinne der Fernsehanstalten, damit das exklusive Freitagabendspiel oder das Topspiel der Woche am Samstagabend um 18.30 Uhr nicht die grauen Mäuse aus dem Mittelfeld der Liga bestreiten, sondern der Zuschauer Dramatik pur geboten bekommt.

Sie ahnen vielleicht, dass es eben auch der Zuschauer ist, der schuld ist an den Salamispieltagen. Denn der soll so viel Fußball wie möglich sehen am Wochenende. Nicht nur seinen Lieblingsverein am Samstag um 15.30 Uhr, sondern als Einstimmer fürs Wochenende das Freitagsspiel, Samstagmittag die 2. Liga, am Abend noch das Topspiel und Sonntagnachmittag und abends noch die beiden fehlenden Partien, damit er rundum versorgt ist. Dass sich ein normaler Fan eines Bundesligavereins das nicht im Entferntesten antun würde, können die Strategen vom Fernsehen natürlich nicht nachvollziehen. Die glauben offenbar wirklich, dass ein Fan der Berliner Hertha ganz scharf auf das Ruhrpott-Derby am Abend ist und auf den Langweiler Wolfsburg-Hoffenheim am Sonntagnachmittag sowieso.

Immerhin ist der Zuschauer nicht auch noch daran schuld, dass Sie, werter Leser, sonntags ständig weiter als 350 Kilometer zu Auswärtsspielen reisen müssen. Und daran ist auch nicht die DFL schuld, sondern der europäische Wettbewerb. Europa-League-Teilnehmer dürfen nicht freitags oder samstags spielen, wenn sie vorher am Donnerstag ran mussten, Vereine, die in der Champions League um Kohle kämpfen, müssen samstags oder freitags spielen, wenn sie am Dienstag darauf wieder international antreten müssen. Dafür haben Sie Verständnis? Warum hat dann eigentlich letztens Ihr Verein, der die Vorsaison auf dem 11. Platz abgeschlossen hat, beim Vorjahresneunten an einem Sonntag gespielt, bei einer einfachen Entfernung von 560 Kilometern?

Sehen Sie. Aber schlussendlich müssen Sie sich damit eben zufrieden geben. Schließlich darf die Bundesliga nicht den Anschluss an die englischen Topclubs verlieren. Was dieses Märchen mit den Spieltagen zu tun hat? Mehr Spieltermine, mehr Geld vom Pay-TV, mehr Geld für die von

Ihnen verlangten Topstars. Wie, Sie wollen einfach Fußball sehen, und das im Stadion? Aber doch wohl nicht in der Bundesliga!

6

WIE DER FUSSBALL VON IHNEN ZERSTÖRT WIRD

Das tut jetzt vielleicht am meisten weh, deshalb machen wir es kurz: Sie zerstören den deutschen Fußball. Nicht, weil Sie jedes Wochenende die Umgebung deutscher Stadien als Ultra in Angst und Schrecken versetzen, nein, nein!

Sie und unzählige andere Fans sind ganz einfach Teil des Problems, und das seit Jahren schon.

- Die Zerstückelung der Spieltage? Haben Sie hingenommen.
- Die Probleme mit der späten Festsetzung der Anstoßzeiten? Haben Sie hingenommen.
- Werbebanden statt bunter Zaunbeflaggung? Haben Sie hingenommen.
- Fanutensilienverbote? Haben Sie hingenommen.
- Rasant steigende Ticketpreise? Haben Sie hingenommen.
- Kontingentierung von Gästekarten? Haben Sie hingenommen.
- Die Aufweichung der 50+1-Regel? Haben Sie hingenommen.

- Die komplette Kommerzialisierung der Liga? Haben Sie hingenommen.
- Den Verkauf traditionsreicher Stadionnamen? Haben Sie hingenommen.

Führen Sie sich vor Augen, welch großartige Orte die Stadien in Deutschland wären, wenn die große Masse der Fans nicht alles schweigend hingenommen hätte, was man dem deutschen Fußball angetan hat. Aber gerade das ist jetzt Ihre Chance! Es gibt ja eigentlich nichts mehr zu mögen am Erlebnis Bundesligafußball. Warum tun Sie sich also so schwer damit, ihm den Rücken zu kehren?

7
—

WIE DER FUSSBALL SICH SELBST ZERSTÖRT

Schluss mit Selbstzweifeln und Vorwürfen! Am Ende ist der Bundesliga-Fußball (und nicht nur der) ja selbst schuld an seinem fortschreitenden Niedergang. Nicht erst seit #dfbgate wissen wir, dass der deutsche Fußball vom Geld beherrscht wird und die mächtigen Protagonisten bei diesem Spielchen ganz weit vorne mitmischen. Die vermutlich gekaufte WM 2006 und damit die zum »Sommermärchen« hochstilisierte Partypatriotenhysterie sind da ja nur die Spitze des Eisberges aus geradezu obszönen Handgeldern und Ablösesummen, windigen Spielerberatern, die Fußballclubs

> WIR LEBEN ALLE AUF DIESER ERDE, ABER EBEN AUF VERSCHIEDENEN SPIELHÄLFTEN

BUNDESLIGA | **FUSSBALL**

dank Knebelverträgen ihre Klienten unterjubeln, wettenden Schiedsrichtern und dem Streben nach immer mehr Geld.

Der zweifelhafte Geflügelproduzent bietet das meiste für unser Trikot? Da schlagen wir ein!

Unser Stadion könnte für ordentlich Geld wie eine Kita für linksdrehende Joghurtkulturesser heißen? Klingt fair!

Auf der Strecke bleibt, wie zum Beispiel beim Thema Anstoßzeiten, der Fan. Und das ist der Beginn des Niedergangs, denn der Fan macht das »Produkt« Bundesligafußball erst zu dem spannenden und emotionsgeladenen Spiel der Massen. Haben Sie sich mal ein Spiel unter Ausschluss der Öffentlichkeit (alternativ ein Europacup-Heimspiel des FC Bayern in den 1990er-Jahren) im TV angesehen? Todlangweilig! Und was macht der Zuschauer, wenn ihm langweilig wird? Richtig, abschalten. Das hat Einfluss auf die Quote und das wieder auf die Sponsoren, die ihre Werbung über den Bildschirm flimmern sehen wollen. Außerdem auf die Event-Besucher und auf diejenigen, die das Fußballspiel vor ein paar Jahren als würdigen Rahmen auserkoren haben, um (potenzielle) Geschäftspartner zu treffen. Somit beraubt sich der Fußball seiner Attraktivität, mit der er so gern wirbt und seine Preiserhöhungen begründet. Allein, er merkt es leider nicht.

8
―

WIE DER FUSSBALL SIE ZERSTÖRT

Lieber Leser, wenn Sie es bis jetzt noch nicht selbst gemerkt haben, so wird es Ihnen spätestens dann auffallen, wenn Sie erst einmal nicht mehr hingehen – der Fußball zerstört Sie. Und zwar physisch wie auch psychisch.

Physis: Egal, ob Sie nun regelmäßig ins Stadion pilgern oder sich die Spiele Ihrer Mannschaft im TV ansehen, Sie betreiben Raubbau am eigenen Körper. Fußball und Bier, das gehört für viele Menschen zusammen, und Alkohol ist schädlich, das wissen wir alle. Und gerade Fußballfans sind ja dieser Gefahr ausgesetzt. Ein Bier zur Einstimmung aufs Spiel, dann ein, zwei Gläser zur Beruhigung, und dann entweder noch ein paar Flaschen, um den Sieg zu feiern oder den Frust wegzuspülen. Da kommt was zusammen, das kann nicht gesund sein! Genauso verhält es sich mit Tabakwaren. Nikotin beruhigt, es bleibt allerdings eines von vielen Giften in den Glimmstängeln, die gerade während nervenaufreibender Spiele Hochkonjunktur in Stadion wie auch Kneipe oder Wohnzimmer haben. Und dann die anstrengenden Auswärtsfahrten! Nicht nur, dass auf diesen ebenfalls wieder der Teufel Alkohol im Spiel ist; lange Busfahrten mit wenig Schlaf schwächen Ihr Abwehrsystem und schädigen die Wirbelsäule.

Psyche: Als wäre das nicht schon genug, schadet der Fußball auch Ihrer Seele, denn wer ein wahrer Fan ist, der fiebert nicht nur 90 Minuten mit seinem Team, der ist auch vorher schon unruhig und leidet gegebenenfalls nach einer Niederlage über mehrere Tage. Vom Groll über den mangelnden Einsatz der Spieler auf dem Platz ganz zu schweigen. Die Bundesliga, in der es nicht nur um Ruhm und Titel, sondern auch um das ganz große Geld geht, ist Gift für Ihre Psyche und kann im wahrsten Sinne zum Herzinfarkt führen. Ich erinnere mich an einen Krankenhausaufenthalt, während dem ich als Kassenpatient natürlich einen Bettnachbarn hatte. Wir lauschten der Bundesligakonferenz im Radio, und der ältere Herr regte sich dermaßen auf, dass ich die Schwester rufen und das Radio abstellen musste. Kein Scherz! Nicht umsonst spricht man ja zum Beispiel auch von einem Herzschlagfinale.

9

WIE DER FUSSBALL IHRE SOZIALEN KONTAKTE ZERSTÖRT

Eigentlich gehört dieses Kapitel mit ins vorherige, denn auch Vereinsamung schädigt bekanntlich die Gesundheit des Menschen. Doch es betrifft ja nicht nur Sie, sondern auch Ihre (ehemalige) Umwelt.

Wie bereits zu Beginn geschrieben, ist der Fußball allgegenwärtig. Allgegenwärtig und vereinnahmend. Wer sich erst einmal von ihm hat einfangen lassen, der verfällt ihm mit hoher Wahrscheinlichkeit mit Haut und Haar. Und leider bleiben dabei die sozialen Kontakte auf der Strecke. Alte Schulfreunde, der Nachbar, mit dem man bereits in der Sandkiste gespielt hat; sie alle müssen sich hinten anstellen, wenn es um den Fußball geht, oder verschwinden komplett, da sich Ihr Leben nur noch um den Verein dreht. Am Wochenende haben Sie sowieso schon mal keine Zeit. Ihr Verein spielt in München, Sie wohnen jedoch im Norden der Republik. Da Sie nicht mehr der Jüngste sind, buchen Sie eine Übernachtungsreise, damit Sie am Sonntag nach dem Spiel (und dem Besuch diverser Brauhäuser) ausschlafen können. Zurück geht es am frühen Nachmittag, damit Sie zum *Tatort* auf der Couch liegen. Am Montag ist Ihr heiliger Ruhetag. Nicht weil Sie Friseur sind (das vielleicht auch), sondern weil Sie einfach einmal einen Abend in der Woche Ruhe benötigen. Am Dienstag findet wahlweise das nächste Ligaspiel statt, Ihr Verein spielt im Pokal oder sogar in einer der europäischen Ligen. Mit Glück handelt es sich um ein Heimspiel, von dem Sie sich am Mittwoch nach der Arbeit erholen, mit ganz viel Pech handelt es sich um ein Spiel in Moskau (findet es am Dienstag statt, sind Sie natürlich am Montag schon nach Russland geflogen). Donnerstag sind Sie je nach Wettbewerb noch unterwegs, total fertig oder haben Fanclubsitzung in der Stammkneipe. Am Freitag spielt der Verein, mit dessen Fans Ihre Fanszene befreundet ist, weshalb Sie dort auch noch hinfahren, und am Sonnabend geht das ganze Spiel erneut los. Da ist es schwierig, die alten Freunde noch irgendwo einzuplanen, und einen Partner oder eine Partnerin lernen Sie zwischen dem Münchner Augustinerkeller, dem Flughafen Moskau-

Domodedovo und Ihrer Stammkneipe natürlich auch nur schwerlich kennen. Ist dies doch der Fall, wird sich relativ schnell ein Konflikt um Ihre sehr ballzentrierte Wochenplanung entspinnen, der zu einem zeitnahen Ende des gemeinsamen Lebensabschnitts führen wird. Oder Sie lesen deshalb dieses Buch, weil man Ihnen wirklich helfen will oder Sie sich ändern wollen. In diesem Fall: Chapeau!

10

WIE SIE ERKENNEN, DASS DAS PROBLEM GAR NICHT SO SCHWERWIEGEND IST

Was redet der Mann? Er hat doch gerade behauptet, dass es sich um ein ernstes Problem handelt?

Das ist richtig, lieber Leser, doch es marginalisiert sich mit folgender Erkenntnis:

Alle Fußballfans, so verschieden sie sein mögen, vereint ein Problem: Der Mensch ist ein Gewohnheitstier und nur schwer aus den ausgetrampelten Pfaden zu bewegen. Für Fußballfans, die jedes oder auch nur jedes zweite Wochenende ins Stadion pilgern, gilt dies in besonderem Maße. »Natürlich geh'n wir hin, denn wir sind immer hingegangen«, heißt es in einem Lied über den Hamburger SV, das die ganze Misere verdeutlicht (und es gäbe da einen weiteren Titel, der es noch drastischer ausdrückt): Fußballfans begeben sich in einen allwöchentlichen Trott. Das beginnt

FAN IN SEINEM ALLWÖCHENTLICHEN TROTT
BIER
BIER
SCHNAPS
AM LINKEN HANDGELENK
S-BAHN
"GOLDENE M"
PINKELSTOPP
MUSICBOX MIT FANSONGS
HAUPTBAHNHOF
DEN 20 JAHRE ALTEN SCHMUDDELSCHAL
AUF KEINEN FALL RASIEREN!
TIPPSPIEL
ZÄHNE PUTZEN
BAHNHOF
BIER
PCORN
RECHTES BEIN ZUERST!
AUFSTEHEN
VEREINSKNEIPE
BETT
RÜCKFAHRT
STADION
GEGNERISCHE SPIELER ALS ARSCHLÖCHER BESCHIMPFT
EINLAUFHYMNE
WC
NACH HAUSE GEHN

mit dem Ritual beim Aufstehen – rechtes Bein zuerst, beim Zähneputzen die Clubzahnbürste verwenden, auf keinen Fall rasieren – und endet nicht bereits damit, dass der 20 Jahre alte Schmuddelschal mit den Cola-Weinbrand-Flecken am linken Handgelenk (und nur dort) befestigt wird. Es zieht sich durch den ganzen Tag! Am S-Bahnhof werden zwei Dosen Bier der den Lieblingsverein unterstützenden Marke weggezecht, dann gibt es drei Hörnerwhisky, und in der Bahn wird der Klassiker »Fahrkartenkontrolle!« durch den Wagen gebölkt, den alle witzig finden, außer den normalen Reisenden. Am Hauptbahnhof wird nach dem rituellen Pinkelstopp beim »Goldenen M« noch ein Gezapftes in der Schänke geordert. Dazu läuft in der Musicbox stets die gleiche Reihenfolge an Fansongs. Nachdem in der Pinte noch das traditionelle Tippspiel stattgefunden hat, geht es weiter zum Stadionbahnhof, wo am Kiosk ein weiteres Bier für den stationären Verzehr, sowie ein Bier und ein Korn für den Weg geordert werden. Da die Wurst im Stadion mittlerweile fast fünf Euro kostet und Helmuts Imbiss am Bahnhof schon seit Jugendtagen mit dem Erzeuger besucht wurde, gibt es hier noch eine Currywurst mit zwei Stücken Brot, das so hart ist, dass es hier auch bereits seit erwähnten Jugendtagen liegen könnte. Im Stadion wird dann die Tracklist der Stadionshow mitgegrölt und die Aufstellung des Gegners erst traditionell ausgepfiffen, danach jeder gegnerische Spieler als Arschloch bezeichnet. Die traditionelle Einlaufhymne wird wie immer durch eine Schalparade begleitet, und wie immer ist Klaus als Erster mit der Bierrunde dran. Traditionell wird bei einem Rückstand einer auf Toilette gehen, weil er davon überzeugt ist, dass es hilft, wenn er gerade jetzt geht, und nach dem Spiel wird traditionell die Mannschaft abgeklatscht oder ausgepfiffen, ehe es in guter alter Tradition zurück zum Stadionbahnhof geht. Die Tradition will es, dass hier noch ein paar Bierchen gezischt werden, ehe es mit Umweg über die Vereinskneipe nach Hause geht.

Erschreckend, dieser Trott, oder? Und das ist nur der Heimspielalltag! Gewohnheitsmäßige Auswärtsfahrten sind noch schlimmer, denn sie dauern noch länger, und gewöhnlich kosten sie auch deutlich mehr. Jetzt fragen Sie sich mal selbst: Ist es nicht totaler Blödsinn, den Spieltag immer gleich zu verbringen? Das Wochenende immer gleich zu verbringen?! Versuchen Sie doch einmal, sich von Ihren Gewohnheiten zu lösen! Beginnen Sie mit kleinen Änderungen: mal drei Bier statt nur zwei am S-Bahnhof, dafür aber vier Kräuterliköre! Am Hauptbahnhof mal nicht in die Kaschemme in der Zwischenebene, sondern zur Pilsbar am Gleis 6! Oder fahren Sie doch einfach mal vor dem Spiel zum Minigolf! Erleben Sie die neuen Möglichkeiten, wenn Sie sich von dem Joch Ihrer eigenen Gewohnheiten emanzipieren! Außerdem: Sie wissen doch eh, wie es ausgeht. Bereits zur Winterpause gewinnen die Bayern die Meisterschaft. Ist doch langweilig ...

SPIELUNTERBRECHUNG

Nachdem wir uns gerade mit dem Problem des Fußballs im Allgemeinen befasst haben, ist es nun an der Zeit, sich damit zu befassen, wie man ohne Fußball auskommt. Sei es nur, weil Sie eine Sommerpause zu überbrücken haben oder weil Sie sich endgültig von ihm verabschieden wollen beziehungsweise müssen. Ordnen Sie sich daher im Folgenden erst einmal einer Fankategorie zu!

11

WIE SIE SICH SELBST EINER FANKATEGORIE ZUORDNEN

Was also tun, so ganz ohne Bundesligafußball? Das, lieber Leser, möchte ich Ihnen im Folgenden vermitteln. Dazu müssen wir allerdings erst einmal ergründen, zu welchem Typ der Spezies Fußballfan Sie gehören, denn es gibt mehrere Gruppen:

1. Das Herdentier
2. Der / Das Groupie
3. Der Addict
4. Der Enttäuschte
5. Der Fremdbestimmte

Das Herdentier zeichnet sich dadurch aus, dass es (fast) seinen gesamten Freundeskreis in einem Bundesligastadion rekrutiert hat. Das macht es besonders schwierig, ohne Bundesligafußball zu überleben, weil man sämtliche sozialen Kontakte verliert. Aussichtslos ist der Kampf aber nicht.

Groupies muss ich ja wohl nicht weiter vorstellen. Jeder kennt die Menschen, deren Fokus sich ganz auf einen Spieler konzentriert, der Rest interessiert eigentlich gar nicht so sehr. Alles auf eine Karte zu setzen ist aber schwierig im Fußball. Wir werden später klären, warum dies so ist.

Der Addict, also der Abhängige, hat etwas »Nerdiges« (und manchmal auch Nerviges) an sich. Er weiß alles, kennt alle Statistiken, die Blutwerte seiner Mannschaft und was der Trainer zum Frühstück hatte. Das stellt ihn natürlich vor ein Problem, wenn zum Beispiel Sommerpause ist oder die Versetzung nach Hanga Roa (schlagen Sie den Ort gerne nach) ansteht.

Der Enttäuschte ist eigentlich derjenige, dem es am leichtesten fallen sollte, ohne Bundesliga zu leben. Andererseits steht dem in vielen Fällen die Sozialisation des Betreffenden entgenen. Hier werden wir etwas intensiver in die Materie eintauchen, da die Ratschläge auch anderen Typen eine wertvolle Hilfe sein können.

Am meisten zu bemitleiden ist der Fremdbestimmte. Er gehört meist einer der ersten drei Gruppen an, die Abstinenz kann aber auch ganz plötzlich zustande kommen. Meist handelt es sich bei spontanem Fußballentzug um Schwiegerelternbesuche, Trauungen und Geburtstage. Im schlimmstanzunehmenden Fall für den Fremdbestimmten steht die völlige Abkehr vom Fußball. Schuld ist – natürlich – die bessere Hälfte (geschlechtsunspezifisch, um das einmal vorweg zu sagen). Diese aufoktroyierte Abstinenz verlangt die kreativsten Ideen – oder einen guten Scheidungsanwalt.

Sie haben Ihre Fankategorie gefunden? Prima! Dann achten Sie zu Beginn aller folgenden Kapitel darauf, welcher Kategorie diese helfen sollen! Sie können aber natürlich auch einfach alle Kapitel lesen, um vollumfänglich informiert und in der Lage zu sein, auch anderen Leidensgenossen zu helfen, indem Sie ihnen mit Rat und Tat zur Seite stehen.

DER CHARAKTER RUHT AUF DER PERSÖNLICHKEIT, NICHT AUF DEN TALENTEN

DAS HERDENTIER — OLÉ, OLÉ!

DER / DAS GROUPIE — VORWÄRTS!

DER ADDICT — MEIN GOTT!

DER ENTTÄUSCHTE — SORRY!

DER FREMDBESTIMMTE — ICH WEISS NICHT!

12

WIE SIE SICH SELBST ERMUTIGEN, EINEN SCHLUSSSTRICH ZU ZIEHEN

Gruppen 1, 4, 5

Machen wir uns nichts vor, es ist kein Zuckerschlecken, einen neuen Lebensabschnitt zu beginnen, doch manche Dinge müssen nun einmal sein, ob man will oder nicht. Hadern Sie also nicht mit sich und dem Schicksal, sondern folgen Sie dieser einfachen und dennoch erfolgsversprechenden Anleitung:

- Machen Sie sich ein Bier auf!
- Machen Sie sich Gedanken darüber, wofür Sie sich neben Fußball noch interessieren oder was Sie immer schon einmal machen wollten!
- Bestätigen Sie sich in Ihrer Entscheidung!
- Werden Sie sich klar darüber, warum Ihr Leben künftig ohne Fußball auskommen soll!
- Schließen Sie gedanklich ab!
- Denken Sie positiv an die Zukunft!
- Atmen Sie tief ein und sagen Sie zu sich selbst: »Ich schaffe es!«
- Lesen Sie dieses Buch bis zum Ende, um die Gewissheit zu erlangen, dass Sie es schaffen können!

Sie sind nun am Anfang Ihres neuen Lebens angekommen.

13

WIE SIE DEN ERSTEN SCHRITT IN EINE ZUKUNFT OHNE FUSSBALL MACHEN

Gruppen: 1, 4, 5

Lieber Leser, auch wenn es schwerfällt und Sie seit Kindesbeinen im Besitz einer Dauerkarte sind – bestellen Sie sich einfach keine neue. Es klingt nach einem Sakrileg, aber so fehlt Ihnen schon mal die Zugangsberechtigung zum Stadion. Natürlich, Sie können sich auch an der Tageskasse ein Ticket kaufen, doch das geht zum einen ins Geld und ist zum anderen mit ewiger Warterei und der stets präsenten Angst verbunden, dass das Spiel bereits ausverkauft ist. Zudem ist dies auch ein Akt von großer symbolischer Bedeutung. Sie werden fühlen, dass ein neuer Lebensabschnitt beginnt! Sie müssen es lediglich wagen, bis zum letztmöglichen Zeitpunkt zur Verlängerung Ihrer Dauerkarte nichts zu unternehmen! Fahren Sie notfalls in den Urlaub oder auf Geschäftsreise, um nicht in Versuchung zu kommen! Aber um Himmels willen: Ordern Sie keine neue Dauerkarte, die Sie als Verpflichtung zum Besuch weiterer 17 Spiele ansehen könnten!

Sind Sie, verehrter Leser, vielleicht sogar wild entschlossen, von jetzt auf gleich den Gang ins Stadion einzustellen, so belohnen Sie sich selbst und verkaufen Sie Ihre aktuelle Dauerkarte pro Spieltag an Bekannte. Das spült Geld in die Kasse.

Apropos Geld: Neben dem Effekt, dass Sie sich von Altlasten Ihres bisherigen Lebens befreien, steigen Ihre finanziellen Ressourcen auch dadurch, dass Sie Ihre Abonnements für den *Kicker* und die *11Freunde* kündigen. Zudem verringert dies die Rückfallgefahr. Und wenn Sie schon dabei sind: »entliken« Sie vorsichtshalber auch sämtliche Fußballseiten in Ihrem Facebook-Profil.

Eine schwierige, trotzdem aber notwendige Aktion ist es, Ihre gesammelten Schals und Trikots von der Wand zu nehmen und Platz für etwas Neues zu machen. Vielleicht hilft Ihnen der Tipp, die ganzen Staubfänger in ein Paket zu legen und mit dem Betreff »Second Fanshirt« an Football Supporters Europe e.V. zu schicken. Ihre Spenden werden dann versteigert, und der Erlös kommt Flüchtlingsprojekten in Europa zugute. Ansonsten können Sie den ganzen Tand natürlich auch nehmen und auf einer Sammlerbörse verkaufen. Sie glauben ja gar nicht, wie viel Geld Fußballverrückte für nutzloses Zeug wie alte Programmhefte oder Schals aus der Meistersaison ausgeben.

14

WIE SIE SICH ABLENKUNG VERSCHAFFEN

Gruppen: alle

Sie stehen am Beginn Ihres neuen Lebens, sehen Sie also nach vorn! Genießen Sie die Möglichkeiten, die sich Ihnen bieten!

Fangen Sie doch einfach bei Ihnen zu Hause an und nutzen Sie die frei gewordenen Zeitfenster für kleinere Arbeiten im Haushalt! Die defekte Toilettenspülung wollten Sie doch sicher schon längst repariert haben, und die Balkonmöbel schreien doch auch seit zwei Wintern nach einem neuen Anstrich. Bei der Beseitigung der Fanutensilien könnte außerdem auch mal grundsätzlich entrümpelt werden. Und ist die Schrankwand aus Massivholz nicht irgendwie total 70er? Ein Besuch auf der Website des Möbelhauses Ihres Vertrauens und eine Fahrt zu selbigem verschaffen nicht nur Ablenkung, nein, sie können mit etwas Glück sogar in puren Stress ausarten. Zum Beispiel, wenn Sie auf einem Donnerstagabend beim schwedischen Möbelgiganten vorbeifahren. Den Hotdog haben Sie sich hinterher ganz bestimmt verdient! Bevor Sie allerdings die Wohnung neu einrichten, könnten Sie noch renovieren, denn dafür hatten Sie ja in den letzten Jahren wegen des Fußballs auch nie Zeit.

Informieren Sie sich danach ausgiebig über Ihr neues Hobby und durchforsten Sie das Internet nach Literatur! Gehen Sie in die städtische Bibliothek oder melden Sie sich bei einem Schnupperkurs an, um tiefer in diese neue Materie einzutauchen. Oder nehmen Sie doch mal wieder Kontakt zu Ihrem Abiturjahrgang auf! In Anbetracht der Tatsache, dass sich Ihre ehemaligen Jahrgangskameraden über den halben Erdball verstreut haben dürften, wird das sicherlich nicht wenig Zeit in Anspruch nehmen. Dabei können Sie sich auch gleich auf einen Kaffee oder zum Tapas-Essen verabreden.

Ablenkung verspricht auch die Planung des nächsten Urlaubs. Da Sie Ihre Urlaubstage ja nun nicht mehr nach der Bundesliga richten müssen, eröffnen sich Ihnen ungeahnte Möglichkeiten. Recherchieren Sie nicht nur ausgiebig im Internet, sondern nehmen Sie sich auch die Zeit für eine Beratung im Reisebüro. Da zukünftig ja auch noch die Kosten für Ihre Spielbesuche und/oder das Pay-TV-Abo eingespart werden, haben Sie ja fast freie Auswahl, was die Reiseziele angeht. Daraus ergibt sich auch gleich ein weiterer Vorteil für Sie: Auf Samoa oder in der Transsibirischen Eisenbahn auf dem Weg nach Peking werden Sie kaum Gefahr laufen, etwas von Ihrem ehemaligen Hobby mitzubekommen.

Nun fragen Sie sich als Groupie oder Fußballnerd vielleicht, warum Sie Ihre Fanartikel wegwerfen oder einen Urlaub planen sollen, wo Sie doch lediglich die Sommer- oder Winterpause überbrücken müssen. Die Antwort ist ganz einfach: Ihr Lieblingsspieler mit der Nummer 23 verlässt den Club eh einen Tag vor Ende der Transferperiode, und mit Bundesligastatistiken hat noch niemand einen Partner gefunden. Außerdem sammelt sich an Ihren Devotionalien der Staub. Sie schlagen also zwei Fliegen mit

einer Klappe. Und hinsichtlich des Urlaubs: Entspannen Sie sich doch einfach mal. Wissenschaftliche Studien haben bewiesen, dass Urlaub Ihrer Psyche und Physis zuträglich ist. Sie lenken sich nämlich von Ihrem liebsten Hobby ab und sind an der frischen Luft. Und ich verspreche Ihnen, dass die Sommerpause wie im Flug vergeht, wenn Sie zum Beispiel in den Alpen wandern oder an der Nordsee einen Windsurfkurs belegen.

15

WIE SIE DEN FUSSBALL AUS IHREM KOPF BEKOMMEN

Gruppen: alle

Sie sollten allerdings auch dafür sorgen, dass der Fußball aus Ihrem Kopf verschwindet. Mit dieser Checkliste gehen Sie auf Nummer sicher:

Löschen Sie die Sportkanäle in Ihrem Fernseher und kündigen Sie das Abonnement Ihres Pay-TV-Senders, wenn Ihre Abkehr vom Fußball endgültig ist!

Angehörige der Gruppen 1, 4 und 5:

Melden Sie sich in sämtlichen von Ihnen frequentierten Internet-Foren ab, und löschen Sie Ihre Browser-Chronik!

Danach melden Sie Ihr Konto auf der Website des von Ihnen bisher finanzierten Wettanbieters ab und nehmen sich Facebook vor. Sollte das »Entliken« der Fußballseiten nicht ausreichen, blockieren Sie diese am besten, um kein Risiko einzugehen.

Gruppen 1, 4 und 5:

Wenn Sie seelisch gefestigt sind, entsorgen Sie den vom Fußball befallenen Teil Ihrer Tageszeitung (Dienstag bis Donnerstag ein Viertel, Freitag bis Montag ein Drittel) händisch. Vergessen Sie dabei auch nicht die Gesellschaftsseiten, wo sich der neueste Klatsch und Tratsch befindet. Sollten Sie sich dazu nicht in der Lage fühlen, kündigen Sie auch hier das Abo oder lassen sich von Dritten helfen. Außerdem lesen Sie zukünftig beim Arzt besser nur noch Auto- und Computermagazine. Der Rest ist infiziert mit Geschichten vom grünen Rasen und immer mehr leider auch mit Geschichten vom Drumherum. Daher sollten Sie auch das Abo Ihres Klatschmagazins kündigen.

Gruppen 2 und 3:

Machen Sie aus der Not eine Tugend! In der spielfreien Zeit schreiben die Zeitungen eh nichts Gescheites über Ihren Verein. Bestellen Sie Ihr Zeitungsabo also für die Sommer- und Winterpause einfach ab. Der Zeitungsjunge freut sich, dass er schneller vorankommt, Sie sparen Geld, und Berichte über den Sommerurlaub von Spieler XY würden Sie ja doch nur wieder in diese Lage bringen, in der Sie sich fragen, wann Sie endlich wieder ins Stadion pilgern können. Erkennen Sie also die Chance und gönnen Sie sich vom gesparten Geld etwas Schönes!

Gruppen 1, 4 und 5:

Stellen Sie das Radiohören ein! Egal, ob unter der Dusche, beim Frühstück oder im Büro: Schalten Sie auf keinen Fall das Radio ein! Es sei denn, Sie hören Klassikradio. Ansonsten laufen Sie auch hier Gefahr, an Fußball erinnert zu werden. Wenn Sie unbedingt Musik hören müssen, tun Sie das über das Internet. Hier gibt es eine Fülle von Radios, die ausschließlich Musik senden, und das sogar nur aus dem von Ihnen bevorzugten Genre! Die Vorteile liegen auf der Hand: Sie hören nichts über Fußball und – was vielleicht ebenso schön ist – Sie werden nicht von dem blöden Gesabbel hervorragend gelaunter Moderatoren genervt, die Ihnen neueste Informationen über die sexuellen Vorlieben der verschiedenen europäischen Nationen oder aus dem Liebesleben von Kim Kardashian zukommen lassen, die Sie eh nie interessiert haben.

Gruppen 2 und 3:

Hören Sie Radio! In der spielfreien Zeit kommt doch eh nichts Neues zu Ihrem Verein über den Äther. Lassen Sie sich ablenken von den interessanten Nachrichten aus den Mündern hervorragend gelaunter Moderatoren , die Ihnen neueste Informationen über die sexuellen Vorlieben der verschiedenen europäischen Nationen oder aus dem Liebesleben von Kim Kardashian zukommen lassen, die Sie schon immer interessiert haben.

Weisen Sie Ihren Bekannten- und Kollegenkreis darauf hin, dass Sie nicht über Fußball sprechen möchten, und denken Sie auch daran, neben Ihrem Heim Ihren Arbeitsplatz von Fußballmemorabilia zu befreien. *Kicker*-Stecktabelle, der Vereinskalender und die Fußballtasse gehören vorübergehend der Vergangenheit an!

Wenn Sie diese Ratschläge befolgen, wird die Welt Sie nicht weiter an den Fußball erinnern, und Sie können sich mit anderen Dingen beschäftigen. Natürlich wird es immer wieder einmal vorkommen, dass Sie zufällig mit Fußball konfrontiert werden, doch dagegen ist kein Kraut gewachsen. Manchmal müssen Sie es eben ertragen, an den Fußball erinnert zu werden. Es sei denn, Sie werden Einsiedler.

16

WIE SIE DEN ERSTEN SAMSTAG OHNE STADIONBESUCH VERBRINGEN

Gruppen: alle

Es gibt drei Möglichkeiten, den ersten Samstag ohne Fußball zu verbringen. Beide beginnen damit, erst einmal auszuschlafen. Während Sie dies bei Variante 1 bis etwa 17 Uhr tun, weil Sie bis morgens um sieben Uhr in einer Gastwirtschaft gesumpft und somit den ersten Samstag ohne Fußball stilecht verschlafen haben, ist die zweite Variante etwas anspruchsvoller. Sie bedarf nämlich einer gewissen Vorbereitung.

An Ihrem ersten spielfreien Samstag sollten Sie sich nämlich auf jeden Fall etwas vornehmen, wenn Ihnen die erste Variante nicht zusagt. Am besten mit Freunden und möglichst nicht unbedingt in Stadionnähe. Vielleicht sogar in einer anderen Stadt! Gehen Sie shoppen, oder machen Sie eine Wanderung auf dem Land! Veranstalten Sie ein Minigolfturnier, oder gehen Sie ins Museum! Dabei gilt: Mobiltelefon ausschalten und keine Kneipenbesuche, denn auch wenn mehr und mehr Kneipen sich die Gebühren für Fußball im Pay-TV nicht mehr leisten können (womit wir wieder beim Niedergang des Fußballs wären), sind Schankgaststätten doch ein Ort, wo man mit 99-prozentiger Sicherheit auf Bundesliga-Fußball trifft. Wenn Sie mit dem Fußball gebrochen haben, ist das nur kontraproduktiv für Ihre Entwicklung. Sollten Sie bereits die Stunden bis zum Anpfiff der neuen Saison zählen, wird Ihre Sehnsucht nur noch stärker werden, wenn Sie den Saisonrückblick über den Bildschirm flimmern sehen.

Nach dieser Beschäftigung gehen Sie gemütlich etwas essen, um den Tag ausklingen zu lassen. Am besten nicht unbedingt dort, wo Sie sonst nach dem Fußballspiel noch mit Ihren Freunden eingekehrt sind. Eben wegen der Erinnerungen oder aufgrund der Gefahr, genau jene nun dort anzutreffen. Versuchen Sie es doch mal mit einem 5-Gänge-Menü beim Nobelitaliener oder – wenn es etwas bodenständiger sein soll – mit einem ausgedehnten Gang zum All-you-can-eat-Chinesen. Dann verpassen Sie nämlich auch noch die *Sportschau!*

Natürlich haben Sie recht, wenn Sie nun einwenden, dass Fußball ja nicht nur am Samstag stattfindet, sondern am ganzen Wochenende, und dass es manchmal erst sehr kurzfristig feststeht, wann welcher Verein überhaupt spielt.

Für Menschen, die wirklich auf Nummer sicher gehen möchten, wenn es darum geht, das erste Wochenende ohne Fußball zu verbringen, lautet der perfekte Ausweg daher: Städtereise.

In Zeiten von zahllosen Vergünstigungen und Rabattaktionen der Deutschen Bahn ist es schließlich ein Leichtes, sich abzusetzen und den Fußball Fußball sein zu lassen. Nehmen Sie als Beispiel eine Fahrt nach Prag! Bei langzeitiger oder glücklicher Vorausplanung machen Sie von fast jedem Ort in Deutschland aus ein gutes Geschäft, wenn Sie sich mit dem Europa-Spezial und eventuell einer Bahncard auf einen Ausflug in die Goldene Stadt an der Moldau einlassen. Sie erreichen Prag verhältnismäßig günstig und relativ schnell aus ganz Deutschland, dazu stehen Ihnen bei der Nutzung von Eurocity-Zügen kulinarische und spottbillige Gaumenfreuden bevor, denn in den Speisewagen der tschechischen und ungarischen Staatsbahnen wird noch frisch gekocht, und auf tschechischem Staatsgebiet kostet der Spaß nur noch einen Bruchteil dessen, was Sie in Deutschland zahlen würden. Prag selbst bietet günstige Unterkünfte, Kultur und zahlreiche Museen, die sich insbesondere der Geschichte Tschechiens während des Kommunismus widmen. Das Essen ist gut und günstig, Bierliebhaber werden sich hier wie im siebten Himmel vorkommen. Zu deftiger Kost wird im Land mit dem höchsten Pro-Kopf-Bierkonsum der Welt eine Vielzahl wohlschmeckender Biere gereicht, und die malerische Kulisse der Stadt schreit geradezu danach, Ihre Flucht vor dem Fußball hierher gemeinsam mit einem geliebten Menschen zu unternehmen. Wenn es den bisher in Ihrem Leben nicht gibt, weil Ihnen der verdammte Fußball stets dazwischengefunkt hat, dann gibt es in Tschechiens wunderschöner Hauptstadt immer noch das Karlovy Lazne, den größten Musikclub Europas. Garantiert werden Sie hier keinen Gedanken an die Bundesliga verschwenden. Und vielleicht kommen Sie ja am nächsten Tag tatsächlich noch in den Genuss des romantischen Ausblicks auf Prag in trauter Zweisamkeit ...

17

WIE SIE DEM FUSSBALL IM TV ENTKOMMEN

Gruppen: alle

Wie bereits weiter vorne geschrieben, ist es unabdingbar, Fußballübertragungen zu meiden. Ob live oder als Aufzeichnung, Sie würden eh nur wieder in Erinnerungen

schwelgen. Daher schalten Sie Ihr Pay-TV ab und kündigen Sie gegebenenfalls das Abo, wenn Sie zu den Gruppen 1, 4 und 5 gehören. Angehörige der Gruppen 2 und 3 können den Decoder vorübergehend bei Freunden oder Verwandten einlagern. Programmieren Sie zudem Ihren Fernseher neu, und löschen Sie dabei die Sportkanäle. Die Kommentatoren haben schließlich schon immer genervt, weil Sie nicht ihrer Meinung waren, und ansonsten kommt da doch eh nur Quatsch! Snooker wird überschätzt, betrunkene Briten beim Darts sind live sowieso viel lustiger, und was die nackten Modelle im Nachtprogramm mit Sport zu tun haben, war Ihnen sowieso nie klar. Sollten Sie stark rückfallgefährdet sein, löschen Sie außerdem ARD, ZDF und die dritten Programme. RTL kann drinbleiben, da Sie sich für langweilige Länderspielübertragungen eh nicht interessieren, den Sender jedoch benötigen, falls Sie einmal krank zu Hause bleiben müssen, es sei denn, Sie sind wirklich stark rückfallgefährdet. Dann löschen Sie am besten alle Sender, auf denen Nachrichten oder Werbespots mit Fußballikonen laufen könnten, und halten sich nur noch an Arte, 3sat und Comedy Central.

18

WIE SIE DEM FUSSBALL
IN DER KNEIPE ENTKOMMEN

Gruppen: alle ab 18 Jahren

Kneipen sind ein Teil unserer Kultur. Als Markt der neuesten Nachrichten und Ort des gemütlichen Zusammenkommens nach dem Feierabend oder am Wochenende haben sie sich etabliert und sorgen dafür, dass die Zeit wie im Fluge vergeht. Das ist schon mal sehr vorteilhaft für Sie, wenn Sie den Gruppen 2 und 3 angehören. Andererseits ist das auch ein Problem für jeden, der auf der Flucht vor dem Fußball ist oder sich zumindest von der Tatsache ablenken möchte, dass die fußballfreie Zeit gerade erst angefangen hat. Denn, ich erwähnte es eingangs bereits, Fußball ist allgegenwärtig. Spätestens nach dem möglicherweise gekauften Sommermärchen von 2006 ist man in deutschen Schanklokalen auf den Trichter gekommen, dass ein TV-Gerät zur Vorführung von Länderspielen (mindestens) und Vereinswettbewerben absolute Pflicht ist. Selbst in hippen Cocktailbars, wo die Leute früher abfällig die Nase rümpften, wenn das Wort »Fußball« erwähnt oder nach einer Übertragung gefragt wurde, findet man mittlerweile irgendwen, der hier seine Ligaspiele verfolgt und natürlich auch gern ein Fachgespräch über Fußball beginnt. Letzteres ist im Übrigen das größte Problem. In einer Zeitung stand einmal, dass Deutschland das Land der 80 Millionen Bundestrainer ist, sprich, jeder hat eine Meinung zu diesem Sport. Daran können auch die hohen Pay-TV-Preise für Gaststätten nichts ändern, die immer mehr Wirte dazu zwingen, ihren Decoder abzugeben oder einen pauschalen Aufschlag an Abenden zu verlangen, an denen im Pay-TV-Fußball übertragen wird. Selbst wenn man also eine Kneipe gefunden hat, die keinen Fußball überträgt, so wird doch höchstwahrscheinlich immer jemand vor Ort sein, der etwas dazu zu sagen hat.

Da hilft nur eins: Meiden Sie im Sommer Kneipen ohne Außenbereiche, in denen man sich abseits hinsetzen kann, und tauchen Sie dort niemals allein auf. Wenn Sie sich nämlich doch einmal IN eine Gaststätte begeben müssen, weil es ein Sommergewitter gibt oder Winterpause ist, sollten Sie zumindest jemanden dabeihaben, mit dem Sie sich unterhalten können, der signalisiert: Wir möchten nicht gestört werden. Sonst werden Sie früher oder später von einem der Nebentische angesprochen werden. Und was meinen Sie, mit welchem Thema das Eis gebrochen wird? Um derartigen Gesprächen grundsätzlich zu entgehen, sollten Sie als Nerd oder Groupie das Portemonnaie mit dem Logo Ihres Vereins in diesen Zeiten ausnahmsweise erst einmal zu Hause lassen. Wenn das nämlich jemand sieht, können Sie nicht einmal mehr behaupten, Sie interessierten sich gar nicht für Fußball. Außer natürlich, wenn Sie Fan des FC St. Pauli sind, dann schließt sich das selbstredend nicht aus. Grundsätzlich sollten Sie übrigens Ihre Vereinsliebe in Kneipen nicht per Portemonnaie zur Schau tragen. Ich selbst habe einen Freund, der unvorsichtigerweise in einer Bar eines Bundesligisten beim Bezahlen das Logo des Lokalrivalen auf seiner

Geldbörse hatte. Dafür hat er dann noch ein zweites Mal bezahlt. Als ich davon erfuhr, schenkte ich ihm ein Aufkleberset, damit er im Fall des Falles das Logo auf seinem Geldbeutel überkleben kann.

19
―

**WIE SIE DEM FUSSBALL
UNTER DER WOCHE ENTKOMMEN**

Gruppen: 1, 4, 5

Ich wies bereits darauf hin, glaube ich: Der Fußball ist in Deutschland allgegenwärtig. Wer nur verrückt genug ist, der kann im Idealfall elf Tage lang an jedem Abend in irgendeinem anderen Profistadion auflaufen, manchmal sogar in zweien. In diesem Fall würde er an einem Freitag mit einem Ligaspiel beginnen, dann am Samstag ein oder zwei Begegnungen besuchen, sonntags und montags noch einmal jeweils eine. Am Dienstag und Mittwoch stehen dann zwei Champions-League-Spiele an, ehe am Donnerstag die Europa League wartet. Freitag bis Montag gibt es dann wieder Ligafußball.

Sie sehen, man kann dem Fußball und der damit verbundenen Berichterstattung gar nicht entkommen, denn neben den Spielberichten in den täglichen Nachrichten gibt es auch noch wöchentliche Formate, die ihre Aufmerksamkeit den Profis widmen. Mit Pech finden Sie sogar in Teenie-Zeitschriften wie *BRAVO* eine Homestory über einen ganz besonders süüüüüüßen Boy, der zufälligerweise ganz vernünftig kicken kann.

Was also tun?

Der Montagmorgen ist einer der gefährlichsten Tage, wenn es um Fußball geht. Nicht nur in den Printmedien ist König Fußball das Thema, das am meisten ausgeschlachtet wird, auch am Arbeitsplatz ist der zurückliegende Bundesligaspieltag natürlich Thema Nummer 1. Nach der wöchentlichen Bürobesprechung, bei der Zigarettenpause oder in der Kantine bilden sich Menschentrauben, um zu diskutieren, welcher Schiedsrichter mal wieder absoluten Mist zusammengepfiffen und welche Mannschaft die drei Punkte vom Wochenende so rein gar nicht verdient hat. Außerdem gibt es da ja noch das firmeninterne Tippspiel (an dem Sie natürlich nicht mehr teilnehmen), das ausgiebig diskutiert wird, weil natürlich der Kollege aus der Buchhaltung schon wieder den Spieltag gewonnen hat, obwohl er von Fußball so viel Ahnung hat wie eine Kuh vom Tangotanzen. Da heißt es Abstand halten! Ich möchte Ihnen nicht unbedingt raten, sich krankschreiben zu lassen, denn das fällt mit der Zeit auf, aber vielleicht haben Sie ja genug Überstunden angesammelt, um montags einfach liegen zu bleiben. Sollte dies nicht der Fall sein, sollten Sie zumindest die Kommunikation mit den lieben Kollegen auf ein Mindestmaß reduzieren. Am Dienstag herrscht im Normalfall erst einmal Ruhe, falls nicht gerade ein Skandal die Bundesliga erschüttert hat, ehe es am Mittwoch wahrscheinlich von Neuem losgeht, weil entweder die ersten Champions-League-Begegnungen zu bereden sind oder alternativ die englische Woche oder der DFB-Pokal. Gleiches gilt für Donnerstag und Freitag.

Da es mit der Zeit sehr anstrengend und enervierend werden kann, wenn man sich ständig neue Fluchtmöglichkeiten ausdenken muss, empfehle ich, eine gewisse Routine in Ihre Pausengestaltung zu bringen. Essen Sie nach Spieltagen auswärts oder lesen Sie demonstrativ ein Buch vor Ihren Kollegen. Das signalisiert ihnen, dass Sie beschäftigt sind. Wenn Sie allerdings nicht komplett als Sonderling gelten möchten, finden Sie heraus, worum sich die Gespräche der Kollegen drehen, die sich wie Sie überhaupt nicht für Fußball interessieren. Vielleicht finden Sie ja tatsächlich auch ein Thema, für das Sie sich interessieren. Es muss ja nicht gleich die GZSZ-Runde der Auszubildenden sein, der Sie zukünftig beiwohnen …

20

WIE SIE SICH EINE ERSATZBESCHÄFTIGUNG BESCHAFFEN

Gruppen: alle

Sie haben also den Sinn Ihres Lebens verloren. Für immer oder nur zeitweise, das spielt hier keine Rolle. Wichtig ist: Sie müssen Ihre Zeit nun anders verbringen und möglichst befriedigend gestalten. Das ist allerdings gar nicht so schwer, wie es sich anhört.

Beim temporären Verlust Ihres Hobbys ist zum Glück abzusehen, dass diese Phase ein Ende hat, und seien Sie einmal ehrlich: Haben Sie sich während des Spielbetriebs nicht oft geärgert, dass keine Zeit für eigentlich notwendige Arbeiten in Haus und Garten vorhanden war? Sehen Sie die Spielpausen als Chance, all das zu erledigen, was sonst liegen geblieben ist! Gartenarbeit, Renovieren, Balkonmöbel streichen, Opas Grab in Ordnung bringen. Sie werden erstaunt sein, wie positiv sich eine abgearbeitete To-do-Liste auf Ihr Gemüt auswirkt. Und wenn das alles erledigt ist, wie wäre es dann mit etwas vollkommen Neuem? Wollten Sie nicht vielleicht immer schon einmal Kite-Surfen (alternativ im Winter Skifahren lernen) oder einen Angelschein machen? Tun Sie es einfach und entdecken Sie die Möglichkeiten!

Fertigen Sie doch am besten eine Liste Ihrer ganz persönlichen Dinge an, die Sie immer schon einmal machen wollten, und haken Sie diese Stück für Stück ab. Im Zweifelsfall haben Sie dann Beschäftigungen für die bundesligafreie Zeit von jetzt bis ins Jahr 2030!

Natürlich sind die oben genannten Tipps auch für diejenigen geeignet, die sich endgültig vom Fußball losgesagt haben. Hier sind die Möglichkeiten aber noch um um ein Vielfaches größer. Wie wäre es zum Beispiel mit einem Studium neben dem Beruf? Erweitern Sie Ihre Fähigkeiten und schaffen Sie eine Basis für beruflichen Erfolg! Ihr Vorteil: Viele Institute bieten dieses Studium neben dem Beruf am Samstag an. Sie schlagen also zwei Fliegen mit einer Klappe, denn wer in der Uni sitzt, der geht nicht ins Stadion. Ein Freund von mir hatte einmal Stadionverbot. In dieser Zeit machte er mehrere Abschlüsse. Heute ist er Abteilungsleiter.

Sind Sie vielleicht ein Autonarr und sind stolz auf Ihren getunten GTI? Haben Sie vielleicht sogar den Führerschein für Pkw, Motorrad und Lkw? Dann satteln Sie doch um! Lassen Sie sich zum Fahrlehrer ausbilden und gründen Sie eine Fahrschule oder lassen Sie sich anstellen! Seit nämlich die Bundeswehr ein Berufsheer ist, herrscht in Deutschland ein Fahrlehrermangel. Klingt erst einmal komisch, ist aber so! Früher mussten beim Bund die wehrpflichtigen Soldaten am Steuer ausgebildet werden. Dank der hohen Fluktuation natürlich ein immer wiederkehrender Prozess. Die Fahrlehrer, die beim Bund ausschieden, wanderten in die zivilen Fahrschulen ab. Das fällt heute weg, weshalb eine deutlich niedrigere Zahl neuer Fahrlehrer in den Markt strömt. Das nimmt zum Teil bedenkliche Ausmaße an. So erzählte mir ein Bekannter, dass an den Plätzen, an denen die Fahrprüfungen beginnen, zum Teil heftigste Abwerbeversuche zu beobachten sind. Warum ergreifen Sie also nicht diese Chance und machen Ihre Vorliebe für motorisierte Gefährte zum Beruf? Natürlich können Sie auch einfach nur weiter an Ihrem GTI schrauben ...

Wenn Sie mit Ihrem beruflichen Leben im Großen und Ganzen recht zufrieden sind, fallen die eben genannten Varianten natürlich weg. In diesem Fall sollten Sie eine Interessenliste erstellen, anhand derer Sie sich ein neues Hobby suchen. Wenn Ihnen partout nichts einfallen will, helfen Ihnen vielleicht die verschiedenen Internetportale, die darauf spezialisiert sind, Gutscheine für rabattierte Dienstleistungen zu verkaufen. Kochkurse, Kartfahren, Fitness-Schnupperkurse, Kletterstunden, Paintball, Kreuzfahrten – es gibt eigentlich nichts, was diese Unternehmen nicht anbieten, dafür aber viele interessante Aktivitäten, auf die Sie vielleicht noch gar nicht gekommen sind und die Sie unter Umständen einmal ausprobieren und dann weiterführen möchten. Versuchen Sie es doch mal!

21

WIE SIE OHNE FUSSBALL INNERE RUHE FINDEN

Gruppen: alle

Sind Sie aufgekratzt, weil sich Ihre Gedanken nur um Fußball drehen? Sind Sie rastlos, weil eine wichtige Komponente in Ihrem Leben fehlt? Ist für Sie ein Tag ohne Fußball ein verlorener Tag?

Beruhigen Sie sich bitte! Es geht hier schließlich nicht um Ihre Existenz, sondern immer noch nur um Fußball! Okay, der hat bisher immer Ihr Leben bestimmt, und nun haben Sie das Gefühl, es geht nicht ohne. Aber seien Sie bitte mal ehrlich! Wie haben Sie denn bisher überlebt, wenn Sommerpause, Winterpause oder Länderspielpause war?

Also setzen Sie sich, atmen Sie tief durch und denken Sie an eine große, grüne Wiese im Sonnenschein. Der Wind umspielt sanft die Grashalme, und die Grillen zirpen.

Schön, oder? Und jetzt stellen Sie sich vor, dass Sie sich diese Szenerie nicht vorstellen, sondern einfach selbst einmal in die Natur hinausgehen. Nehmen Sie den Zug ins Umland und setzen Sie sich auf eine Bank im Wald oder auf einem Berg und genießen Sie das Panorama und die Atmosphäre, die Sie umgibt. Sie werden spüren, wie Sie innere Ruhe und Entspannung finden. Gönnen Sie sich außerdem Soul Food, Essen also, das gut für die Seele ist. Suppen zum Beispiel erinnern uns an unsere Kindheit an Mutters Esstisch und wirken sich daher positiv auf unser Gemüt aus.

Oder versuchen Sie es doch mit Spa-Besuchen. Wöchentlich eine Massage oder eine Thalassotherapie, um die Gedanken zu ordnen, Saunagänge in der Therme und Yoga-Übungen – all das sorgt für ein entspanntes Leben und innere Ruhe. Und nebenbei vergeht die Zeit dabei wie im Fluge. Aber entspannen Sie bitte nicht zu sehr! Ich erinnere mich an ein Ereignis in den Sommerferien Mitte der 1990er-Jahre. Meine Eltern hatten mich auf eine Freizeit auf der Insel Rügen geschickt, die von der Kirchengemeinde organisiert war. Eines Abends gab es eine Yoga-Stunde, in der zwei weitere Jugendliche und ich während der Übungen einschliefen. Das kann natürlich auch am Wodka gelegen haben, den wir mit den Jugendlichen aus dem Dorf konsumiert hatten, noch so ein Mittel, um innere Ruhe zu finden.

22

WIE SIE SICH FÜR IHRE STANDHAFTIGKEIT BELOHNEN

Gruppen: alle

Ja, ohne Fußball sind die Tage trist, und das Leben ist schwer. Nicht so schwer, wie man meint, aber auch nicht gerade leicht. Deshalb muss man standhaft sein. Und wer standhaft ist, der darf sich auch belohnen. Das ist zum einen Motivation, weiter durchzuhalten, und zum anderen auf einmal auch finanziell machbar. Wie schon erwähnt, werden nämlich finanzielle Mittel frei, die im Normalfall für Eintrittskarten, Zugtickets und Bier verwendet werden würden.

Also gönnen Sie sich mal was! Wir reden hier nicht von einem Schokoladeneis oder einer Tüte Chips, sondern von Belohnungen für Erwachsene. Theoretisch sollten Sie genug Geld sparen, um mindestens einmal pro Woche essen zu gehen oder sich einmal im Monat etwas Größeres leisten zu können, je nachdem, wie oft Sie sich eben belohnen müssen, um weiterhin auch ohne Fußball zu überleben.

Legen Sie sich also ein Sparschwein zu und stecken Sie jede Woche einen Pauschalbetrag hinein, den Sie gespart haben, weil Sie nicht im Stadion waren. Belohnen Sie sich dann regelmäßig oder entnehmen Sie immer dann etwas Geld, um sich abzulenken, wenn Ihre Sehnsucht nach Fußball überhandzunehmen droht. Im Idealfall müssen Sie irgendwann überhaupt kein Geld mehr entnehmen und können es dann sinnlos verprassen oder wie George Best für schöne Frauen und schnelle Autos ausgeben.

23
———

WIE SIE MIT RÜCKFÄLLEN UMGEHEN

Gruppen 1, 4, 5

Das kennen Sie von Ihrem Kollegen, der kurz vor dem Weihnachtsurlaub angekündigt hat, dass er im neuen Jahr mit dem Rauchen aufhören wird: Der Geist ist willig, doch das Fleisch ist schwach. Am 1. Februar erwischen Sie ihn hinten bei den Mülltonnen, wie er mit der Rothaarigen aus der Buchhaltung (hat ebenfalls das Rauchen aufgegeben) bei vier Grad unter Null ohne Jacke vor sich hin fröstelt, weil er heimlich raucht. Sie haben das natürlich schon seit Mitte Januar vermutet, weil er auffällig viele Mentholbonbons lutscht und verdächtig oft nicht am Platz ist.

Er hatte einen Rückfall.

Genauso kann es Ihnen aber auch ergehen. Eigentlich hatten Sie sich fest vorgenommen, nicht mehr ins Stadion zu gehen oder in der Kneipe Fußball zu gucken, und dann ist es doch passiert. Ein alter Freund ist in der Stadt, mit dem Sie früher immer gemeinsam zu den Heimspielen gefahren sind, Ihr Chef beauftragt Sie, die Vertreter des Premiumkunden in die Loge zu begleiten, oder Sie müssen einfach nur an einem Samstagnachmittag in die Stammkneipe Ihres besten Freundes, weil dessen Freundin sich von ihm getrennt hat (nicht wegen Fußball) und er sich bereits seit elf Uhr morgens ein Herrengedeck nach dem anderen in die Figur schüttet. Da können Sie als bester Freund natürlich nicht absagen. Auch dann nicht, wenn Sie nun gezwungen sind, von 13 bis 21 Uhr neben dem Häuflein Elend zu sitzen und, nachdem alles zum Thema Exfreundin gesagt wurde, mit ihm auf den Bildschirm zu starren, auf dem 22 Männer einem Ball hinterherlaufen. Und das Schlimmste daran ist, dass es Ihnen auch noch Spaß macht, denn schließlich haben Sie ja ein Faible für Stadion- und/oder Kneipenbesuche. Das führt dazu, dass Sie am kommenden Tag voller Zweifel und mit einem mordsmäßigen Kater aufwachen.

Zuerst einmal sollten Sie so lange nicht mit sich hadern, bis Sie wieder klar im Kopf sind. Erst dann sollten Sie die Situation analysieren. Machen Sie sich keine Vorwürfe, weil Sie Spaß am modernen Fußball hatten oder weil Sie Ihrem Schwur, nie wieder ein Bundesligastadion zu betreten, nicht treu waren und auch noch Spaß daran hatten. Niemand wird Ihnen einen Vorwurf machen, wenn Sie einen guten Grund hatten, sich vom Produkt Bundesligafußball berieseln zu lassen. Insbesondere, wenn es um den heiligen Eid zwischen besten Freunden geht oder um berufliche Verpflichtungen. Weniger Verständnis wird allerdings ein einfaches Einknicken hervorrufen. In diesem Fall sollten Sie sich fragen, wie es dazu kommen konnte und vor allem, ob Sie denn wirklich vom Fußball wegkommen wollen. Sollten Sie diese Frage mit »Nein« beantworten, spricht nichts dagegen, diesen Versuch als gescheitert abzuhaken, falls Sie allerdings ein wirkliches Interesse daran haben, fußballfrei zu leben, dann spenden Sie zur Strafe einen Betrag X an eine wohltätige Organisation und verbuchen das Ganze als einmaligen Ausrutscher. Wenn man Sie fragt, wie das passieren konnte, erfinden Sie entweder einen triftigen Grund oder schieben das Ganze auf Ihren schwachen Willen und zeigen ein schlechtes Gewissen.

24

WIE SIE LERNEN, DEN FUSSBALL ABZULEHNEN

Gruppen: alle

Ob Sie nun lediglich die Sommerpause meistern müssen oder sich ganz vom ehemals als »Beautiful Game« bezeichneten Sport lösen – eine gesunde Portion Ablehnung hilft Ihnen dabei. Allerdings sollte man nicht überdosieren. Jedenfalls nicht, wenn man den Gruppen 2 und 3 aus unserer Kategorisierung angehört. Ansonsten schießen Sie nämlich über das Ziel hinaus.

Um den Fußball abzulehnen, lesen Sie bitte folgendes Material:

- *DFB-Richtlinien zur einheitlichen Behandlung von Stadionverboten*

- *DFB-Richtlinien zur Verbesserung der Sicherheit bei Bundesligaspielen*

Sehen Sie sich außerdem folgenden Film an:

- *Die Mannschaft*

Gehen Sie dann ins Fußballmuseum in Dortmund und – wenn Sie nicht bereits beim Eintrittspreis von 15 Euro (Vollzahler) aus den Latschen gekippt sind – sehen sich die Ausstellung an und bemühen dann bei einer Internet-Suchmaschine das Stichwort #dfbgate.

25

WIE SIE LERNEN, DEN FUSSBALL ZU HASSEN

Gruppen: 1, 4, 5

Da Sie in Zukunft ohne Fußball leben wollen oder müssen, dürfen Sie mit der Ablehnung des Geschäftes Fußball gern auch etwas weiter gehen. Gern können Sie natürlich die im vorherigen Kapitel empfohlenen Tipps beherzigen. Sie sollten allerdings außerdem alles von Jens Weinreich zum Thema FIFA lesen, sich bei YouTube Interviews von Sepp Blatter ansehen und, wenn Sie nicht gerade Fan des FC

Bayern München sind, ein Best-of der medialen Ausraster von Uli Hoeneß anschauen. Wenn Ihnen das immer noch nicht ausreicht, sollten Sie alle Interviews von Ralf Rangnick lesen, die dieser als Angestellter der TSG Hoffenheim und von RB Leipzig gegeben hat.

Die hierbei getroffenen Aussagen und Verhaltensweisen sind äußerst geeignet, um auch den letzten Fußballfan davon zu überzeugen, dass der Profifußball in Deutschland und der Welt nur noch von Macht und Geld angetrieben wird, während diejenigen auf der Strecke bleiben, die den Sport lieben. Das sollte Ihnen ein gutes Gefühl vermitteln, den Absprung geschafft zu haben beziehungsweise diesen gerade zu vollziehen.

26

WIE SIE LERNEN, FUSSBALLFANS ZU BEMITLEIDEN

Gruppen: 1, 4, 5

Fußballfans, das wissen Sie selbst doch besser als jeder andere, sind einfach nur bemitleidenswerte Kreaturen. Unmengen von Geld pumpt der Bundesligafan in sein seltsames Hobby. Das beginnt bei den maßlos übertreuerten Eintrittskarten und manifestiert sich in sinnlosesten Fanartikeln. Wer früher noch über Senf oder Teigwaren mit dem Vereinslogo auf der Verpackung schmunzelte, der zieht heutzutage bei Toastern, Fahrrädern und sogar Strandkörben in Vereinsfarben nicht einmal mehr die Augenbrauen hoch, weil der Overkill mit offiziellen Fanartikeln und lizenziertem Schwachsinn ein derartiges Ausmaß angenommen hat, dass man es einfach nur noch über sich ergehen lässt. Man ist ja schon froh, wenn die neuen Fanartikel von Marketingstrategen einer vom jeweiligen Verein engagierten Agentur wenigstens noch in Vereinsfarben gehalten sind und sich der Club nicht auch noch die Blöße gegeben hat, eine Mädchen-Kollektion in – logisch – Rosa auf den Markt zu bringen, weil der Werbetrottel vom Marketing glaubt, dass weibliche Fans den Vereinsschal lieber in ebendieser »Mädchenfarbe« als in den Clubfarben tragen würden. Oder dass kein Fanartikel produziert wurde, der zwar in Vereinsfarben gehalten ist, allerdings ein Motiv enthält, das zu einem ganz anderen Verein gehört. In Hamburg und Dortmund dürfte man wissen, wovon die Rede ist! Aber ich schweife ab.

Fußballfans sind zu bemitleiden. Nicht nur, dass man ihnen das sauer verdiente Geld aus der Tasche zieht, zum Beispiel für Trikots, nein, für das Beflocken dieses Trikots zahlen sie auch noch mal extra! Nur um dann kurz vor Ende der Transferperiode festzustellen, dass der Lieblingsspieler, der nach seinen Toren immer das Vereinswappen geküsst hat und der auf dem neuen Trikot hinten draufsteht, doch lieber Last Minute nach Spanien gewechselt ist, weil dort seine Großeltern leben (keinesfalls natürlich, weil man ihm da das Geld in den Allerwertesten bläst, dass es nur so eine Freude ist). Tja, was soll man dazu noch sagen?

Dazu leidet der Fan unter den unmöglichsten Anstoßzeiten und Spieltagen, die erst so spät terminiert sind, dass er den Spielort nicht günstig erreichen kann und der Boss ihm keinen Urlaub gibt. Da hilft dann nur der gelbe Schein, der aber seinen Zauber spätestens dann verliert, wenn der Arbeitgeber den Arbeitnehmer mit Fußballaffinität am Abend in Großaufnahme im Gästeblock sieht. Aber das werden Sie ja wahrscheinlich aus eigener Erfahrung am besten wissen.

Dazu dann noch das Standing des Fußballfans ... will man zu dieser Gattung Mensch wirklich gehören? Von der Öffentlichkeit als Asoziale verachtet, von den Medien nur allzu gern als Krawallmacher betitelt, sobald mal ein bengalisches Feuer in der Kurve brennt, und von der Polizei und viel zu vielen Vereinen leider grundsätzlich als Sicherheitsrisiko (oder Schlimmeres) wahrgenommen, ist das doch nun wirklich alles andere als erstrebenswert. Oder etwa nicht?

Und als wäre das nicht schon schlimm genug, darf sich der Fan auch noch als Spielball der Politik missbrauchen lassen. Kennen Sie die Datei *Gewalttäter Sport*? Diese zumindest zweifelhafte Datei der Polizeibehörden, in der Hooligans und solche, die man einfach dazu macht, geführt werden, ist das Vorbild für die Dateien *Gewalttäter Links* und *Gewalttäter Rechts*. Die Praxis der Ausreiseverbote bei internationalen Spielen hat die Polizei für (linke) Demonstranten übernommen, die zu einer Kundgebung im Ausland reisen wollen. Der Fußballfan ist also zusätzlich auch noch Versuchskaninchen für die »Schlachten« mit Demonstranten. Jetzt mal ehrlich ... da muss man doch Mitleid bekommen!

27

WIE SIE LERNEN, DASS HASS EIN SCHLECHTER RATGEBER IST

Gruppen: 1, 4, 5

Angst ist ein schlechter Ratgeber, behauptet der Volksmund. Hass aber auch, behaupte ich! Denn auch bei Hass handelt es sich um ein Gefühl, das leider viel zu häufig stärker als das rationale Denken ist. Die Folge: falsche Entscheidungen, einschneidende Konsequenzen, Schmerz und Leid! Am Ende bereut man vielfach seine im Rausch der Gefühle getätigten Aussagen oder Handlungen. Daher bietet es sich an, den Hass auf den modernen Fußball, auf das Geschäft mit den Emotionen der Menschen und mit den Körpern junger Männer, die gerade einmal aus dem Stimmbruch sind, zu bekämpfen. Denn allzu oft hat Hass die Menschheit ins Elend gestürzt. Ich möchte jetzt nicht den Zweiten Weltkrieg als Beispiel bemühen, sondern bleibe lieber beim Fußball. Aus Hass heraus wurden in und um die Stadien bereits zahlreiche Menschen getötet. Durch Steinwürfe, Raketen oder Massenpaniken, die aus hassgelenktem Aktionismus entstanden. In den wenigsten dieser Fälle wollten die Verantwortlichen jemanden töten, und es geschah doch. Behalten Sie das bitte im Hinterkopf!

Oftmals bietet es sich daher in gefühlsgeleiteten Situationen an, einfach nur tief durchzuatmen und die Gedanken zu ordnen. Denken Sie in Ihrem Fall also daran, welche schönen Erlebnisse Sie mit Ihrem Bundesligisten hatten und welche großartigen Zeiten hinter Ihnen liegen. Analysieren Sie, warum sich in Ihnen Hassgefühle aufgebaut haben, und suchen Sie nach Wegen, diese abzubauen. Damit sind natürlich keine Hasskommentare auf Facebook oder Twitter gemeint. Denn insbesondere beim Thema Facebook sollten Sie bedenken: Nur Ihre Freunde lesen Ihre Posts, und die könnten sich durch die darin getätigten Aussagen angegriffen fühlen – schon haben Sie den nächsten ungewollten Konflikt, der entstanden ist, weil Sie aus Hass gehandelt haben.

Versuchen Sie daher doch erst einmal, Abstand zu gewinnen. Oder Sie lesen dieses Buch und erinnern sich daran, dass Sie einen Teil zur Situation im deutschen Bundesligageschäft beigetragen haben, und geißeln sich danach selbst. Zum Beispiel mit einem 24-Stunden-Marathon der wohl beklopptesten Fußballshow im deutschen Fernsehen, dem Sport-1-*Doppelpass*. Danach sind Sie geheilt, glauben Sie mir!

28

WIE SIE IHREN HASS IN POSITIVE ENERGIE UMWANDELN (ESOTERIKFREI)

Gruppen: 1, 4, 5

Sie drohen immer noch zu explodieren vor Hass und möchten am liebsten schreien vor Wut? Dann hilft nur noch eines! Statt auf die Welt zu schimpfen und die Verantwortlichen für die Misere des deutschen Fußballs zu verfluchen, müssen Sie sich nun an Flugzeugkatastrophenfilme erinnern. Nehmen Sie irgendeinen Film, in dem beide Piloten außer Gefecht sind und ein Passagier das Flugzeug landen muss (nicht gerade Die unglaubliche Reise in einem verrückten Flugzeug, wobei das echt ein affengeiler Streifen ist). Sehen Sie die Szene vor sich? Der Flugpassagier hat den Vogel mit der Hilfe des Bodenpersonals soeben auf der Landebahn aufgesetzt. Was passiert nun? Richtig: Schubumkehr!

Wie ein soeben gelandetes Flugzeug müssen Sie, der/die sich nach langem Kampf nun auf dem Boden der Tatsachen wiederfindet, den Schub umkehren. Wandeln Sie die Energie, die Sie in Ihre Wut und Ihren Hass investieren, in positive Energie um, und lesen Sie dann das folgende Kapitel!

Ab hier entfällt die Kategorisierung in Gruppen wieder, da die folgenden Vorschläge in den meisten Fällen mit hohem oder niedrigem Zeitaufwand verbunden sein können und somit sowohl als »Zwischenlösung« in der bundesligafreien Zeit herhalten können, als auch eine komplette Ersatzbeschäftigung darstellen können. Ist dies einmal nicht der Fall, blättern Sie doch einfach weiter bis zu dem nächsten für Sie interessanten Kapitel.

29

WIE SIE IHRE POSITIVE ENERGIE
IN AKTIVITÄT UMSETZEN

Da stehen Sie nun also und strotzen vor Energie! In Ihnen sitzt, nein, tobt der Wille, aktiv zu werden! Wenn Sie nun nicht schon ad hoc wissen, wofür Sie Ihre Energie verwenden wollen, machen Sie sich am besten Notizen.

Ein spontanes Brainstorming wird Ihnen helfen, Ihre Interessen zu benennen. Danach sollten Sie die Kosten und den zeitlichen Aufwand schätzen, um zu eruieren, welche Hobbys von vornherein ausscheiden und was in der engeren Auswahl steht. Flugstunden sind beispielsweise ein eher teures Hobby, Angeln ist dafür zeitintensiv. Auch Modelleisenbahnen sind nicht unbedingt günstig, dafür steigen sie mit der Zeit im Wert. Relativ günstig und nach Ihrem Belieben zeitintensiv ist hingegen der Gang ins Fitnessstudio. Vielleicht gar nicht mal so eine schlechte Idee, um im wahrsten Sinne des Wortes aktiv zu werden und Ihre Energie abzubauen.

Wenn Ihnen das alles nun überhaupt nicht zusagt und Ihnen auf den Tod nichts Besseres einfallen will, finden Sie nachfolgend einige Vorschläge, deren Vor- und Nachteile, sowie zum Ende hin den Königsweg, um die fußballfreie Zeit beziehungsweise ein Leben ohne Bundesliga zu gestalten.

30

WIE WÄRE ES MIT ... EIGENEM BIER?

Bier ... Sie erinnern sich: Das ist dieses köstliche Getränk, ohne das Fußball Ihnen nur halb so viel Spaß gemacht hätte. Goldgelb oder rötlich schimmernd, in einem großen Humpen, an dem die Tropfen an der beschlagenen Außenseite hinablaufen, abgerundet durch eine weiße Schaumkrone. Dumm nur, dass Sie ja Kneipen meiden sollen, in denen dieses kühle Nass ausgeschenkt wird, weil sich dort leider auch alles um Fußball dreht.

Ihr Ausweg ist die eigene Bierherstellung! In den Zeiten des Craft-Beer-Wahns bekommen Sie die Ausrüstung dazu zwar nicht an jeder Ecke zu Spottpreisen hinterhergeworfen, aber zumindest zu fairen Preisen im Internet, denn die Produktion eigenen Bieres erfuhr in den vergangenen Jahren durch das Erscheinen unzähliger Mikrobrauereien auf dem Markt einen bemerkenswerten Popularitätsschub. Heutzutage braut jeder zweite Hipster sein eigenes Craft Beer. Einige von ihnen sogar so dermaßen erfolgreich, dass aus einem anfänglichen Hobby ein einträgliches Geschäft wurde. Den Beweis finden Sie in jedem gut sortierten Getränkemarkt.

Warum sollten Sie also mit Ihrer Bieraffinität nicht auch beginnen, sich selbst und vielleicht ja auch andere zu versorgen? Für etwas mehr als 30 Euro bekommen Sie heutzutage schon alle notwendigen Zutaten geliefert, um sich Ihr eigenes 5-Liter-Fässchen zu brauen! Da Sie aber natürlich nichts übers Knie brechen wollen, müssen Sie sich erst einmal informieren, und was liegt da näher, als sich auf Studienreise durch Deutschland, Belgien und das Vereinigte Königreich zu begeben, um Inspiration für das eigene Gebräu zu finden?

Sie sehen, Brauer zu werden, bedeutet eine beträchtliche Investition an Zeit und sorgfältige Recherche. Sie haben hier also das ideale Hobby, um Ihre Freizeit sinnvoll und gleichzeitig mit Spaß zu gestalten. Und wie gesagt: Vielleicht stehen ja bald Ihre Abfüllungen im Getränkemarkt und warten auf experimentierfreudige Hipster in Karottenjeans!

Was? Sie mögen gar kein Bier? Na, dann produzieren Sie doch Wein oder Schnäpse und Liköre! Ihrer Kreativität sind auch hier kaum Grenzen gesetzt – lässt man die gesetzlichen Normen einmal außer Acht –, und Ihre direkte Umwelt wird es Ihnen danken, wenn Sie zu Hochzeiten, Konfirmationen und Firmenjubiläen Ihr preisgekröntes Stöffchen mitbringen!

31

WIE WÄRE ES MIT … EINEM EIGENEN GARTEN?

Das klingt natürlich erst einmal spießig, wenn nicht sogar vom Standpunkt eines Fußballfans gesehen ziemlich abwegig, aber weshalb verlegen Sie sich nicht auf die Gartenarbeit als neues Hobby? Die Argumente dafür liegen schließlich auf der Hand! Der beste Grund: Gartenarbeit ist eine typische Wochenendbeschäftigung und verhindert somit, dass Sie zum Fußball gehen. Am frühen Samstagmorgen aufzustehen, in den Baumarkt zu fahren und sich mit allerlei Kram für den heimischen oder den Schrebergarten einzudecken, das sind die feuchten Träume eines jeden Gartenfetischisten! Mit einem Umweg über den Getränkemarkt, wo ein Kasten Belohnungsbier geholt wird (es sei denn, Sie haben Kapitel 30 beherzigt und brauen selber), führt der Weg dann direkt in die grüne Oase. Doch es sind auch die kleinen Dinge wie das Gefühl der Zufriedenheit oder der Duft der Natur.

»Ich liebe den Geruch von Rasenmäherbenzin am Morgen«, das sagte schon Lieutenant Colonel Bill Kilgore in *Apocalypse Now*. Und natürlich vollkommen zu Recht! Ein schöner Sommermorgen, das Gras ist soeben durch die warmen Strahlen der Junisonne getrocknet worden, und die ersten Nachbarn haben bereits begonnen, dem saftigen Grün auf die Pelle zu rücken, wie sich unschwer am monotonen Brummen ausmachen lässt, welches das Gezwitscher der Vögel untermalt. Spüren Sie nicht auch diesen Drang, sofort loszulegen? Der Duft frisch geschnittenen Rasens erinnert Sie an längst vergangene Tage in Großvaters Garten, wo Sie stets eine Frisco-Zitronenlimo bekamen, während die Erwachsenen sich nach der Arbeit mit dem wohlverdienten Gerstensaft belohnten.

Denn sie hatten etwas geschafft! Etwas erschaffen! Und sie fühlten sich gut dabei! Denn egal ob Rasenpflege, das Setzen von Zier- und Nutzpflanzen oder auch nur das Abbrennen des Unkrautes auf dem Gehweg – Gartenarbeit lässt Sie entspannen und zur Ruhe kommen. Zudem können Sie sich selbst ob Ihres Werkes am späten Nachmittag auf die Schulter klopfen, wenn Sie mit Freunden oder Familienmitgliedern in der Gartenlaube oder auf der Terrasse sitzen, den Duft des Sommers in der Nase und ein kühles Blondes in der Hand oder eben den Schnaps aus den eigenen Himbeeren, die an der Nordostecke Ihres Reiches den idealen Ort gefunden haben, um reichlich Sonne zu tanken.

Überhaupt: Mit dem eigenen Garten können Sie ein Stück weit unabhängig von der Konsumwelt da draußen vor dem Gartentor werden. Wer genug Zeit (und einen grünen Daumen) hat, dem schenkt Mutter Natur nicht nur geruhsame Stunden an ihrer Brust. Nein, sie lässt ihn auch an ihrer Vielfalt teilhaben. Und das im ganzen Jahr! Spinat, Erdbeeren, Tomaten, Kartoffeln, Bohnen, Kürbisse, Gurken, Erbsen, Möhren und jede erdenkliche Kohlsorte geben sich bei intelligenter Planung und genug Platz auf den Beeten quasi Ihre Küchentürklinke in die Hand! Das ist nicht nur voll im Trend – Stichwort »aus der Region«, womit gerade nicht der 1. FC Kaiserslautern gemeint ist –, sondern spart auch wieder eine Menge Geld, die Sie in Ihr neues Hobby stecken können. Zum Beispiel in einen neuen Aufsitzrasenmäher von Makita oder in eine Bohrmaschine aus dem Hause Hilti, vielleicht auch in eine neue Heckenschere von Bosch. Das ist übrigens keine Schleichwerbung. Jeder Heimwerker- und Gartenfreak bekommt bei diesen Namen einfach leuchtende Augen. Ich weiß, wovon ich rede, denn mein Vater ist ein solcher Verrückter. Seine Sammlung an Arbeitsgeräten ist eine der stattlicheren ihrer Art, extra nur angeschafft, um seinen beiden Söhnen (bis etwa 2003) und später dann dem Gärtner (ab etwa 2003) die Arbeit im Garten zu erleichtern.

Doch zurück zum Thema: Neben all den notwendigen Dingen, die hier und da anfallen, haben Sie natürlich auch die Möglichkeit, Ihrer Kreativität freien Lauf zu lassen. Eine Buchsbaumhecke, die aus kegelförmig zurechtgeschnittenen Büschen besteht, das Vogelhäuschen als Blickfang oder einfach nur die Bank, die Sie aus der Trauerweide gebaut haben, die beim letzten Sturm das Zeitliche gesegnet hat – die Möglichkeiten, die sich Ihnen eröffnen, sind von vielfältigster Art! Und es muss ja auch nicht das typisch deutsche Gartenbild mit Rosenstöcken und Gartenzwergen (womöglich noch im Trikot Ihres Lieblingsvereines!) sein. Besuchen Sie doch beispielsweise einen Kurs und legen Sie einen Zengarten an! Das beruhigt selbst den schlimmsten Fußballjunkie!

32

WIE WÄRE ES MIT ... HEIMWERKEN?

Es regnet in Ihrer Gegend überproportional häufig? Sie sind Pollenallergiker und ersticken nahezu beim Gang vor die Haustür? Bienchen und Blümchen machen Ihnen Angst? Dann vergessen Sie Kapitel 31 und werden Sie Heimwerker! Heimwerker sind glückliche Menschen, denn sie können beinahe alles bauen und reparieren. Und sie sind beliebt bei

Umzügen, wo sie die körperlich am wenigsten anstrengenden Jobs bekommen, weil sie entweder sitzen oder auf einer Leiter stehen und lediglich den Schraubendreher anheben müssen. Zugegebenermaßen müssen sie auch die IKEA-Bausätze zusammenbauen, was an die Nerven geht, aber dafür findet sich meist auch noch ein schwächlicher Umzugshelfer, der sich mit dem BILLY-Regal-Aufbau vor dem Tragen der Waschmaschine zu drücken versucht.

Abgesehen davon werden Heimwerker ob ihres Könnens verehrt, und zwar zurecht! Selbstgedrechselte Holzschälchen, das Gewürzregal oder das extravagante Carport nach Art einer nordamerikanischen Blockhütte nötigen unserer Gesellschaft Respekt ab. Oder denken Sie an einen Gartenpavillon mit geschwungenen Bögen, in dem Sie am Sonntagnachmittag Kaffee und Kuchen genießen! Reizvoll, nicht wahr?

Als Heimwerker verwandeln Sie ein einfaches Stück Holz zu einem nützlichen und/oder hübschen Gegenstand, der Ihnen oder anderen Freude bereitet. Sie bauen mit links den Dachboden für die Nachkommen aus und reparieren mit Leichtigkeit die Toilette! Verzogene Schranktüren reparieren Sie nicht, Sie erschaffen gleich einen neuen Schrank! Und Tapezierarbeiten ringen Ihnen ein freudiges Lächeln ab, weil Sie gleich die Gelegenheit nutzen, um in einem Anflug von Kreativität neben Wänden und Decken auch den Fußboden zu erneuern. Parkett sieht eben doch immer noch am schönsten aus.

Das Schönste am Heimwerken ist jedoch, dass Sie einfach abschalten können. Niemand nähert sich freiwillig einem Raum, in dem die Kreissäge kreischt oder der Schlagbohrer sich durch Stahlbeton frisst. Wo Männerschweiß und der Geruch von Bier sich in der staubigen Luft vereinen und in der Bundesliga-Schlusskonferenz im Radio ... Heee! Schalten Sie sofort um!

33

WIE WÄRE ES MIT ... HAUSTIEREN?

Haustiere, die Freunde des Menschen! Lebewesen, mit denen Sie in Trauerstunden kuscheln können, die Ihnen treu ergeben sind und die Sie stundenlang beobachten können. Natürlich gibt es auch hier nicht die eierlegende Wollmilchsau. Sie müssen sich schon entscheiden. Ein niedliches Kätzchen ist zwar schmusig und niedlich, jedoch nicht so geeignet zu Beobachtungen wie eine Vogelspinne oder eine Ameisenfarm. Hunde sind Ihnen treu ergeben, bei einer Boa Constrictor sollten Sie da nicht so sicher sein. Sie ekeln sich vor Mehlwürmern? Dann ist ein Vogel vielleicht nicht die richtige Wahl. Sie möchten ein Tier, das Sie nach der Arbeit freudig mit dem Schwanz wedelnd begrüßt? Dann sollten Sie sich keine Schildkröte zulegen. Und wenn Sie allergisch auf Haare reagieren, sind vielleicht doch Reptilien zu bevorzugen, während das Angorameerschweinchen auf einen anderen Menschen warten muss.

Sie sehen, bei Haustieren ist viel zu beachten. Gemein ist ihnen nur, dass man sich ihnen ausgiebig widmen und sie

regelmäßig mit Futter versorgen muss. Im Normalfall hat ja jeder Mensch seinen Favoriten, wenn es um tierische Mitbewohner geht, trotzdem empfiehlt es sich natürlich, vorher ein paar Bücher oder Online-Dokumente zu studieren, um nicht am Ende vollkommen überfordert zu sein. Hunde und Katzen benötigen zum Beispiel viel Aufmerksamkeit und jemanden, der ihnen klar signalisiert, wer der Chef im Ring ist. Ansonsten gleicht Ihre Wohnung schnell einem Trümmerfeld, wird das Gassigehen zum Spießrutenlaufen. Von Ihren Nerven mal ganz zu schweigen. Dazu kommen die ganzen kleinen Zipperlein, die so ein Tier haben kann. Verinnerlichen Sie bitte, dass Haustiere ein Schweinegeld kosten können. Bei der richtigen Wahl und Behandlung werden sie es Ihnen aber danken.

Weniger anspruchsvoll als Vierbeiner sind beispielsweise Fische. Die schwimmen in ihrem Aquarium auf und ab und müssen lediglich gefüttert sowie ab und zu gereinigt werden (das Aquarium, nicht die Fische). Sie müssen nicht befürchten, dass einer Ihrer schuppigen Freunde morgens um sechs zu Ihnen ins Bett springt, weil er Hunger hat oder mal vor die Tür muss, allerdings fallen eben auch Kuschelstunden aus, wenn es sich nicht gerade um Koi-Karpfen handelt. Ich habe gehört, dass es tatsächlich Tiere dieser Art gibt, die gern an die Wasseroberfläche kommen (wir reden hier natürlich von einem Teich), um sich am Kopf streicheln zu lassen. Dafür können Sie stundenlang vor dem Aquarium sitzen und Ihre bunten und vielfältigen Lieblinge beobachten. Als Maßnahme gegen Stress ist das nur zu empfehlen, und die bundesligafreie Zeit fliegt nur so dahin!

Aber Haustiere sind natürlich nicht nur die Tiere, die in Ihrer Wohnung leben. Sie leben auf dem Land und haben einen großen Garten? Warum halten Sie sich dann nicht Enten oder Gänse, ein paar Hühner, Schafe oder Ziegen? Dann haben Sie nicht nur etwas um die Ohren, Sie profitieren auch noch von Ihren tierischen Hausgenossen, denn sie versorgen sie auch noch mit Nahrungsmitteln.

Was? Natürlich macht das eine Heidenarbeit! Aber Sie haben ja eh nichts mehr zu tun, seit sich Ihr Leben nicht mehr um Fußball dreht.

34
—

WIE WÄRE ES MIT … SCHATZSUCHE?

Schatzsuche, das klingt erst einmal nach Schnitzeljagd auf dem Kindergeburtstag oder nach abgedrifteten Freaks, die in der Karibik nach Goldschätzen auf gesunkenen spanischen Galeonen suchen. Kindisch, bescheuert, irre vielleicht sogar. Aber das stimmt so nicht, denn wie so oft gibt es auch hier nicht nur Schwarz und Weiß. Zwischen der kindlichen Schnitzeljagd und dem psychotischen Wahn älterer Herren mit weißem Bart und sonnengegerbter Haut liegt die Schatzsuche des kleinen Mannes. Alles, was Sie dafür brauchen, ist im Grunde genommen ein Metalldetektor. Den gibt es theoretisch schon für weniger als 70 Euro zu kaufen. Danach benötigen Sie nur noch ein Waldstück, eine Wiese oder einen Strand, wo Sie auf Schatzsuche gehen können.

Natürlich ist das nur die Anfängervariante. Je länger Sie dabei sind, desto professioneller werden Sie natürlich vorgehen. Warum auf gut Glück umherziehen, wenn man sich auch darüber informieren kann, wo in der Vergangenheit durch die Widrigkeiten der Geschichte oder der Natur Gegenstände von hohem Wert abhandengekommen sind? Natürlich ist es eher unwahrscheinlich, dass Sie den gesamten Goldschatz eines alten Königsgeschlechtes finden, es ist aber nicht unmöglich. Und wie viel Wertvolles in Deutschland nach dem Krieg irgendwo vergraben wurde, als die Russen kamen, möchte ich gar nicht wissen. Selbst wenn Sie nur wenig finden, so haben Sie doch ein spannendes Hobby, bei dem Sie obendrein auch noch viel Zeit an der frischen Luft verbringen, Sie Glückspilz!

35

WIE WÄRE ES MIT ... DEM ERKUNDEN VON LOST PLACES?

Schätze ganz anderer Art finden Sie auf der Suche nach den Lost Places dieser Welt. Verlassene Orte wie die Stadt Pripjat, die nach dem Reaktorunglück von Tschernobyl evakuiert werden musste, die ehemalige psychiatrische Heilanstalt in Leipzig oder auch nur das alte BVB-Schwimmbad

Lichtenberg in Berlin üben eine morbide Faszination auf den Besucher aus. Lost Places gibt es auf der ganzen Welt, teilweise sind sie sogar in Büchern aufgelistet. Andere wiederum bedürfen detaillierter Recherche, um gefunden zu werden.

Der Besuch dieser Stätten dürfte insbesondere für Sie interessant sein, wenn Sie nicht nur Fußballfan waren, sondern auch noch dem Groundhopping gefrönt haben. Denn schließlich gibt es kaum einen Unterschied zwischen einem verfallenen alten Ostblockstadion aus der Zeit Stalins und einer heruntergekommenen Sowjetkaserne im hintersten Winkel Brandenburgs. Ein Häkchen können Sie jedenfalls hinter beiden machen, wenn Sie erst einmal dort waren. Im Gegensatz zum Groundhopping erleben Sie an Lost Places allerdings das Gefühl, auf dem Pfad der Geschichte zu wandeln. Egal, ob in einer Stadt, die nie mehr bewohnt sein wird, einem Sanatorium, in dessen Räumen der Putz von der Wand blättert und die Überreste eines Krankenbettes noch vor sich hin rosten – Sie befinden sich auf einer Reise in die Vergangenheit, zum Teil an Orte, an denen Historisches geschah. Und die Zahl solcher Plätze ist nahezu unbegrenzt.

Da der Besuch dieser verlorenen Orte sich immer größerer Beliebtheit erfreut, gibt es mittlerweile eine nicht gerade kleine Community Reisender, die ihre Erfahrungen mit der Welt teilen. Das Internet bietet Ihnen ausgiebige Informationen zu Lost Places auf der ganzen Welt. Schauen Sie doch anfangs einmal bei www.lost-places.com vorbei. Hier finden Sie derzeit verlorene Orte aus 27 europäischen Ländern. Das sollte doch für den Anfang erst einmal reichen!

36

WIE WÄRE ES MIT ... REISEN?

Nun sind Reisen zu verlassenen Orten und der morbide Charme zerfallener Gebäude nicht jedermanns Sache. Aber es geht ja auch ohne, und dabei sind der Fantasie keine Grenzen gesetzt. Städtereisen, Wandertouren, Skiferien, Expeditionen, Fahrradtouren, Kreuzfahrten, Kreuzflüge (ja, das gibt es), Zugtouren, Aktivreisen, Ferien auf dem Bauernhof, Pauschalreisen, Segeltörns, Tauchurlaub, Safaris (mit der Kamera) und nicht zuletzt Sprachreisen lassen keine Wünsche offen. Man muss schon einen sehr speziellen Charakter haben, wenn man heutzutage keine Reise findet, die zu einem passt.

Konzentrieren wollen wir uns hier auf zwei Arten der Reise, die wahrscheinlich am besten zu (ehemaligen) Fußballanhängern passen, nämlich dem Städtetrip und der Zugreise. Die Gründe sind klar, als Anhänger einer womöglich noch erfolgreichen Bundesligamannschaft liegt es dem Fußballfan an sich schon einmal, Städtereisen zu unternehmen. Das bietet sich ja schließlich auch an, wenn man in den deutschen Metropolen Hamburg, Berlin oder München zu Gast ist und erst recht, wenn man ins Ausland reist und seinem Team in Barcelona, London oder Rom zujubelt. Die wenigsten Fans schlagen hierbei die Möglichkeit aus, noch ein wenig Kultur, Geschichte und Kulinarik mitzunehmen. Und Zugreisen? Nun, die Bahn ist in Deutschland aufgrund des recht passabel ausgebauten Streckennetzes eben

das Mittel der Wahl, wenn man als Fußballfan durchs Land reisen will, eine gewisse Affinität zur Reise im Zug ist also vorhanden.

Das Schöne an Städtetrips ist, dass man sie in Zeiten von Low Cost Carriern zumindest in Europa recht flexibel gestalten kann, insbesondere, was die Länge der Reise angeht. Vom Freitagabend bis Sonntagabend oder auch etwas länger – das alles stellt bei ausreichend Urlaub keine Probleme dar. Und den haben Sie bekanntlich. Noch schöner ist, dass Sie hier im Zweifelsfall auch Fußball schauen können, ohne dabei die Bundesliga zu konsumieren, wenn es Ihnen denn notwendig erscheint. Ansonsten bieten die Hauptstädte und Metropolen Europas für jeden Geschmack etwas. Selbst einen Sprung in die Fluten des Mittelmeeres kann man bei Reisen nach Barcelona oder Athen noch in das vollgepackte Kulturprogramm quetschen. Dazu lassen sich natürlich tolle Schnäppchen machen, wenn man nur etwas aufpasst. Und das gilt nicht nur für Shopping vor Ort, sondern auch für Flüge und Unterkünfte selbst, weshalb so ein Städtetrip ohne Weiteres mehrmals pro Jahr im Budget sein dürfte. Zumal Sie ja jetzt auch mehr für Ihren Urlaub übrig haben.

Neben den Städtetrips sind Zugreisen sicherlich für Sie interessant. Natürlich würde es jetzt reichen, hier das Stichwort »Transsibirische Eisenbahn« in den Raum zu werfen, denn wer hat nicht schon einmal darüber nachgedacht, mit dem Zug durch Russland, unter Umständen sogar nach Peking, zu fahren? Das ist heute kein Problem mehr, denn entweder bucht man eine (teure) Gruppenreise oder entscheidet sich für die individuelle Variante, bei der man alles selbst buchen muss, dafür günstiger wegkommt und auch noch die Möglichkeit hat, zwischendurch auszusteigen.

Und genau das ist der Kick: reinsetzen, losfahren und aussteigen, wo es einem beliebt. Erinnerungen an Interrail und das Tramperticket werden vielleicht bei Ihnen wach. Wenn dem so ist, muss ich Ihnen ja nichts zu den Vorteilen einer Reise auf Schienen mehr erzählen. Allen anderen seien jedoch noch einmal die Vorzüge vor Augen geführt: Neben der Freiheit, hinfahren zu können, wo Sie wollen, reisen Sie günstig und umweltfreundlich, lernen ständig neue Menschen kennen und – das aus meiner Warte Großartigste dabei – neue Speisewagen. Gerade im Osten und Südosten unseres Kontinents ist der Speisewagen eines Zuges der Ort des Zusammenkommens und, im Gegensatz zu deutschen ICE-Restaurants, der Ort, an dem oftmals noch frisch gekocht wird, wo das Gulasch nicht aus dem Vakuumbeutel kommt und wo man noch ein ehrliches Schnitzel bekommt, bevor man in Budapest-Keleti bei heißen 28 Grad aus dem Zug tritt und den Geruch der weiten Welt schnuppert, während zwielichtige Gestalten Geld wechseln wollen und auf dem Nebengleis der Zug nach Belgrad bereitsteht!

Natürlich müssen diese beiden Beispiele nicht unbedingt Ihrem Geschmack entsprechen. Vielleicht sind Sie ja auch eher der Typ Urlauber, der lieber am Ballermann auf Mallorca sein Geld in wässriges Bier und Billigmischgetränke investiert. Das ist natürlich keine Schande. Ich selbst habe einen Freund, der sich dem Fußball ebenfalls abgewendet und seinem zweiten großen Hobby gewidmet hat – ebendiesem Ballermann. Zwar reist er immer noch nur höchstens ein oder zwei Mal an diesen seltsamen Ort, an dem erwachsene Menschen, die im richtigen Leben ein ganz passables Benehmen an den Tag legen, zu alkoholisierten Tieren werden, aber sein Faible für die dort gespielte … nun ja … ich möchte nicht direkt Musik sagen … also auf jeden Fall hat er aus seinem Hobby, dem Singen und Abspielen von Ballermann-Hits, einen Nebenberuf gemacht. Er ist jetzt Resident-DJ in einer Diskothek, die sich diesem Genre verschrieben hat. Sie sehen also, es kann funktionieren, und Reisen können Ihr Leben in vollkommen neue Bahnen lenken.

Probieren Sie es also aus!

37

WIE WÄRE ES MIT … EINEM ENGAGEMENT ALS JOURNALIST?

Keine Angst, ich rate Ihnen jetzt nicht dazu, den Beruf zu wechseln. Aber als Fußballanhänger dürften Sie ja höchstwahrscheinlich Lokalpatriot sein, Ihre Heimatstadt lieben und nichts auf sie kommen lassen! Warum teilen Sie der Welt also nicht mit, wie großartig der Ort ist, in dem Sie leben?

In jeder größeren Stadt gibt es bekanntlich Anzeigenblätter, selbst größere Tageszeitungen greifen teilweise auf die Berichte ihrer Leser zurück, wenn es zum Beispiel um

Nachrichten aus den Stadtteilen geht. Versuchen Sie es hier und berichten Sie über das, was Sie interessiert und was die Menschen interessiert! Versuchen Sie sich im Lokalsport, oder schreiben Sie Gastronomie-Kritiken! Berichten Sie über die Arbeit der Bürgerinitiative zum Erhalt der zwei Erlen am Rudolf-Mooshammer-Platz oder über den Ausbruch der Salmonellen an der Helge-Schneider-Gesamtschule! Interviewen Sie die Inhaberin des neuen veganen Cafés, wo auch Frutarier voll und ganz auf Ihre Kosten kommen! Die Redaktion wird es Ihnen danken, denn es ist heutzutage schwierig, den Bürger für die Zeitung zu gewinnen. Der Vorwurf »Lügenpresse« macht eben auch vor dem örtlichen Käseblatt nicht halt.

Schreiben liegt Ihnen nicht? Dann gehen Sie doch zum Radio oder zum Fernsehen! Bürgerradios, der Offene Kanal, die Möglichkeiten, Ihrer Stimme Ausdruck zu verleihen, sind vorhanden, Sie müssen Sie nur ergreifen. Diskutieren Sie doch montagabends im Rundfunk mit Ihren Gästen die Ergebnisse der Stadtliga oder laden Sie am Dienstagabend zum Talk mit dem Bürgermeister. Spielen Sie am Samstagabend Partykracher, um die Crowd anzuheizen, ehe es auf die Piste geht, oder lassen Sie Sonntagabend das Wochenende mit Schmusehits und Lebenshilfe ausklingen!

Und wenn Ihnen das alles nicht zusagt, dann versuchen Sie es mit dem nächsten Kapitel!

38

WIE WÄRE ES MIT ... EINEM EIGENEN BLOG?

Es ist ja manchmal so ... im Fernsehen kommt man zu dick rüber oder zu klein, die eigene Stimme im Radio hört sich peinlich an, oder der Chefredakteur vom Käseblatt hat überhaupt keine Ahnung, weshalb er immer Ihre Artikel ändert oder ablehnt. Lügenpresse!

Da hilft nur eines, ein eigener Blog!

Bereits mit minimalem Verständnis von der Materie lässt sich heutzutage im Baukastenprinzip der eigene Blog erstellen. Jetzt noch eine Kamera (nicht zwingend) und ein paar schmissige Artikel, und Ihre Meinung geht online! Ganz gleich, ob Sie nur zum Zeitvertreib während der Sommerpause Transfergerüchte bloggen (»Messi nach Hoffenheim«, »RB Leipzig entlässt Mateschitz«) oder über den modernen Fußball philosophieren oder etwas ganz anderes zum Thema machen – in Ihrem Blog setzt Ihnen niemand Grenzen, höchstens der Gesetzgeber und Ihr eigenes Gewissen, das sie hoffentlich davor bewahrt, zum belächelten Internet-Troll zu werden.

Ansonsten dürfen Sie aber alles thematisieren. Zum Beispiel Ihr neues Hobby, eigenes Bier im Schrebergarten zu brauen, oder Ihre letzte Reise mit dem Wiedervereinigungsexpress durch Vietnam. Natürlich reicht es auch aus, das Weltgeschehen zu kommentieren oder die schönsten Witze zusammenzutragen, um der Menschheit eine Freude zu bereiten. Wenn Sie allerdings so richtig Erfolg mit Ihrem

Blog haben wollen, dann posten Sie entweder süße Katzenvideos oder Sie widmen sich der Kulinarik. Das heißt, dass Sie selber etwas kochen und davon dann Fotos und Rezepte online stellen (für Videos gibt es YouTube), wenn Sie denn kochen können, oder Sie schreiben Restaurantkritiken. Beides interessiert die Menschen, wobei Restaurantkritiken sicherlich noch einen Tick hilfreicher sind. Über die Zutaten und Tricks bei Marinara Meatballs und Pho Hanoi hat schließlich schon die halbe Welt gebloggt; wie allerdings das Essen beim neuen Färöer bei Ihnen um die Ecke ist, das weiß noch keiner. Seien Sie also der Verkünder und lassen Sie die Menschen daran teilhaben, wie Ihnen der marinierte Wal geschmeckt hat und dass die Lammhaxe Thorshavn ein Gedicht war!

Um Ihrem Blog nun noch die nötige Reichweite zu verschaffen, damit Sie auch demnächst bei Ihrem dritten Programm oder auf ZDFneo eine eigene Sendung bekommen, müssen Sie lediglich noch kräftig Ihre Blogbeiträge auf Facebook und Twitter bewerben (Vergessen Sie bloß die Hashtags im Blog nicht, und verlinken Sie auch andere Internetseiten und Blogs!).

Und beachten Sie bitte folgende, einfache Regel: Was Sie auch in Ihrem Blog schreiben und was auch immer das Thema ist, vergessen Sie dabei bitte nicht, dass Sie bei der Wahrheit bleiben müssen. Wenn Sie doch flunkern, nutzen Sie bitte dieses Zeichen: ;-)

39

WIE WÄRE ES MIT ...
EINER KARRIERE ALS FOTOGRAF?

Eine andere ganz wunderbare Beschäftigung, die allerdings auch ziemlich ins Geld gehen kann, ist das Fotografieren. Motive finden sich hierbei zuhauf, man muss nur vor die Tür gehen. Landschaftsaufnahmen, Tiere, Bauwerke, Stadtpanoramen, Graffiti und Streetart sowie mit Einschränkungen Sportveranstaltungen und Konzerte können Sie nicht nur auf Ihrem Blog der Öffentlichkeit zugänglich machen, es lässt sich mit etwas Geschick, Können und Glück sogar der eine oder andere Euro damit machen und eine Zweitkarriere starten.

Fürs Erste reicht eine kleine Taschenkamera aus, doch mit der Zeit werden Sie feststellen, dass jenseits der Foodfotografie beim griechischen Restaurant um die Ecke eine adäquate Ausrüstung nicht nur angebracht ist, sondern sogar unabdingbar. Das kostet nicht wenig, doch was tut man nicht alles für sein Hobby beziehungsweise für seinen Zweitjob?

Vorteilhaft ist beim Fotografieren oder sogar Filmen mit der Videokamera, dass es sich ideal mit anderen Aktivitäten verbinden lässt. Dokumentieren Sie Ihre Städtetrips, die Fortschritte in Ihrem eigenen Garten oder beim Bau Ihrer Gartenhütte oder illustrieren Sie Ihre Blogeinträge mit aussagekräftigen, vielleicht sogar künstlerisch wertvollen Aufnahmen. Mit ein wenig Glück ergeht es Ihnen vielleicht wie einem Bekannten von mir, der anfing, beim Fußball Fotos zu schießen, und sich dann als Konzert- sowie Landschaftsfotograf betätigte. Heute gilt er als Starfotograf, hat diverse Bildbände veröffentlicht und Ausstellungen, unter anderem in Amsterdam, organisiert. So schnell wird man vom Hobbyfotografen zu einer gefragten Persönlichkeit, von der sich die Stars auf dem roten Teppich oder auf der Bühne gern ablichten lassen. Sie müssen ja nicht gleich, so wie er, Aufläufe oder Fußballspiele mit nackten Menschen organisieren und diese abfotografieren. Wenngleich natürlich auch die Nacktfotografie ihre Reize besitzt, die hier keinesfalls unter den Tisch fallen sollen. Beherzigen Sie nur meinen Rat, dass das Objekt Ihres Fotos auch damit einverstanden sein sollte, ansonsten könnte es für Sie unangenehme Konsequenzen haben, die es lieber zu vermeiden gilt.

40

WIE WÄRE ES MIT ... THEATER

Es sind die Bretter, die die Welt bedeuten – das Theater! Schon im Altertum begeisterten Schauspieler und Artisten das Publikum mit ihren Geschichten und Kunststücken. Wenn auch Sie eine Rampensau sind, eine künstlerische Ader haben oder einfach Spaß daran, Menschen zu unterhalten, dann spielen Sie doch Theater!

Natürlich werden Sie nicht gleich an den großen Häusern dieser Welt spielen, aber vielleicht reicht Ihnen ja die Volksbühne Ihres Heimatortes oder ein Theaterprojekt in Ihrer Stadt für den Anfang erst einmal aus. Stellen Sie sich jedoch darauf ein, dass es kein Zuckerschlecken wird! Aus eigener Erfahrung darf ich Ihnen versichern, dass das Theater sehr zeitintensiv und anstrengend ist, handelt es sich doch eben nicht nur um das einfache Erlernen der eigenen Texte.

Als Schauspieler stehen Sie zudem vor dem Problem, dass Sie sich zumindest partiell die Passagen Ihrer Kollegen merken müssen, um Ihren Einsatz nicht zu verpassen, der natürlich genaues Timing erfordert. Zudem ist eine adäquate Betonung mindestens genau so wichtig wie die richtige Gestik, die richtigen Laufwege und Positionen. Sie üben sich also in mehreren parallelen Aufgaben bis zum Umfallen, in den letzten Wochen vor der Premiere sogar täglich. Dazu kommen Stimmübungen vor den Proben und Aufführungen. Und als wenn das noch nicht ausreichen würde, stehen Sie im wahrsten Sinne des Wortes im Rampenlicht, was mit der Zeit ganz schön heiß werden kann.

Wenn Sie jedoch ein Gespür für die Dramaturgie haben, Ihr Gedächtnis durch den Konsum der zahlreichen Frust- und Siegesbiere während Ihrer Zeit als Fußballfan nicht allzu löchrig ist und Sie zudem noch Spaß am Schauspiel haben, sollte das die passende Beschäftigung für Sie sein. Und natürlich muss es nicht nur beim einfachen Schauspiel bleiben. Sie haben eine Stimme, die Ivan Rebroff und Anna Maria Kaufmann gleichermaßen in Ehrfurcht erstarren ließe? Dann versuchen Sie sich doch einmal als Musicaldarsteller! Wer soll Sie schließlich aufhalten?

41

WIE WÄRE ES MIT ... KOCHEN?

Essen und Trinken hält Leib und Seele zusammen. Auch wenn es eigentlich »halten« heißen müsste, steckt doch viel Wahres in diesem Satz. Wer kennt nicht die Werbung für den Schokoriegel, in der ein Double von Filmdiva Liz Taylor hungrig herumzickt, und wer hat es nicht bereits am eigenen Leib festgestellt, dass man reizbarer ist, wenn der Magen knurrt?

Um Essen und Trinken dreht sich unser Leben. Gemeinsam zu essen oder zu trinken verbindet und schafft Freundschaften. Ein gutes Essen kann sogar auf dem diplomatischen Parkett hilfreich sein, wenn man Johannes Mario Simmels *Es muss nicht immer Kaviar sein* Glauben schenkt. Und Kochen muss ja nicht nur die Tätigkeit sein, die Sie am heimischen Herd ausüben.

Warum widmen Sie sich also nicht diesem zentralen Thema unseres Lebens etwas intensiver? Kochen, das ist Entspannung pur, wenn man es nicht gerade beruflich ausübt, während ein gutes Essen die Belohnung für das liebevolle Kochen ist. Nehmen Sie an Kochkursen zu Sushi, Thai-Küche und Haute Cuisine teil, und schlendern Sie über

Wochenmärkte und Food Festivals, um sich inspirieren zu lassen! Reisen Sie in die Hochburgen des Genusses, und decken Sie sich mit originalen Zutaten ein!

Versuchen Sie sich an vietnamesischen Sommerrollen, mexikanischen Enchiladas, original ungarischem Gulasch, der perfekten Bolognese oder einem raffinierten Coq au vin! Bereiten Sie ein Pulled Pork oder Pastrami auf Ihrem Grill zu, frittieren Sie Garnelen, und grillen Sie indisches Tandoori Chicken im selbst gebauten Lehmofen!

Am wichtigsten ist hierbei jedoch eine Sache: Lassen Sie Freunde daran teilhaben, denn dann wird aus dem Genuss ein wahres Fest! Dazu empfehlen wir Ihr selbst gebrautes Bier und Ihren selbst gebrannten Schnaps.

Wohl bekomm's!

PS: Vergessen Sie nicht die Fotos und Rezepte für Ihren Blog …

42
—

WIE WÄRE ES MIT … WEITERBILDUNG?

Klingt für junge Menschen meist spießig und langweilig, ist aber eigentlich ganz interessant: Weiterbildung! Es mag an dem altbackenen Namen »Volkshochschule« liegen, dass abendliche Weiterbildungen ein eher langweiliges Image haben, je jünger der Mensch ist. Trotzdem lohnt sich ein Blick in die Kursangebote dieser und weiterer Einrichtungen, um seine Zeit sinnvoll zu verbringen und auch noch davon zu profitieren.

Dabei findet sich in der Regel – und nicht nur an der hier exemplarisch behandelten Volkshochschule – für jeden Interessierten etwas. Sie planen eine Reise nach Thailand? Lernen Sie Thailändisch an der Volkshochschule. Sie haben sich gerade dafür entschieden, vegan zu essen, wissen aber nicht, wie Sie anfangen sollen? Belegen Sie einen Volkshochschulkurs! Sie möchten einen Film drehen? Besuchen Sie ein Drehbuch-Seminar! In Ihrer Wohnung und Ihrem Leben herrscht heilloses Durcheinander? Erfahren Sie im Managementkurs, wie Sie Ihr Leben in den Griff bekommen!

Sie sehen, bei Volkshochschulen gibt es eigentlich nichts, was es nicht gibt. Egal ob Hilfe zur Selbsthilfe, Sprach- und Kochkurse, Sportangebote, Computer-Workshops, Yoga oder auch Inklusions- und Integrationsangebote, hier können Sie sich privat oder auch beruflich weiterbilden. Oder Sie bilden weiter, denn Volkshochschulen suchen ständig freie Mitarbeiter auf Honorarbasis. Sie sind Experte für Mandarin-Chinesisch, Change-Management oder Psychologie? Melden Sie sich doch einfach einmal bei Ihrer örtlichen Volkshochschule, und bieten Sie Ihre Dienste an!

Was? Nein, Ihr Angebot »Die besten Techniken des Kamasutra« ist vielleicht doch etwas zu speziell …

43

WIE WÄRE ES MIT ...
EHRENAMTLICHER ARBEIT?

Es muss ja nicht immer ein Hobby oder eine Aktivität sein, bei der Sie selbst und Ihr Spaß im Zentrum Ihres Handelns stehen. Wieso also nicht der Gesellschaft dienen? Vielleicht haben Sie sich bereits bei Ihrem Bundesligaverein ehrenamtlich engagiert und wissen daher um die tiefe Befriedigung, die Ihnen das Gefühl gibt, an einer positiven Sache mitzugestalten.

Egal ob Sie nur die Sommerpause überbrücken wollen oder längerfristig tätig sein wollen, ehrenamtliche Arbeit wartet auf Sie an jeder Ecke. So zum Beispiel beim Technischen Hilfswerk (THW) oder der Feuerwehr. Unsere Gesellschaft ist angewiesen auf Helfer in der Not. Bei Bränden oder Überschwemmungen, bei Sturm und Schneekatastrophen, im Notfall eben. Bei THW und freiwilliger Feuerwehr helfen Sie Ihren Mitmenschen auf vielfältige Weise. Das ist zwar körperlich und manchmal auch psychisch belastend, doch Sie haben das gute Gefühl, zum Gemeinwohl beizutragen, und befinden sich in einer Gemeinschaft Gleichgesinnter, die auch außerhalb eines Notfalleinsatzes das Miteinander pflegt.

Ähnlich sieht es beim Deutschen Roten Kreuz (DRK) oder Arbeiter-Samariter-Bund (ASB) und vergleichbaren Organisationen aus. Nur dass Sie hier auch verstärkt in das soziale Leben eingebunden werden (Straßenfeste, Bereitschaft bei Sportveranstaltungen, Blutspende-Termine) und nicht zwingend auch im Einsatz sind.

Ein ganz besonders interessantes ehrenamtliches Engagement ist das bei der Deutschen Lebensrettungsgesellschaft (DLRG). Ob Sie nun als Freiwilliger in den Sommermonaten am Nord- oder Ostseestrand Ihren Dienst als Strandwacht verrichten oder an Badeseen und öffentlichen Schwimmbädern als Schwimmmeister zur Verfügung stehen; Sie erfüllen einen verantwortungsvollen Job, der Spaß macht, und arbeiten unter Umständen sogar mit Kindern und Jugendlichen zusammen, denen Sie sogar noch etwas beibringen können. Das Schwimmen nämlich.

Es gibt unzählige Vereine, Verbände und Institutionen, in denen man Mitglied werden und ehrenamtliche Arbeit verrichten kann, eine kurze Recherche im Internet bringt schnell zahlreiche Möglichkeiten hervor. Wer in der zweiten Hälfte des Jahres 2015 einmal online nach ehrenamtlichen Helfern gesucht hat, der dürfte an der sogenannten »Flüchtlingshilfe« nicht vorbeigekommen sein. Dieses doch recht aktuelle und vermutlich auch weiterhin spannende Thema bietet auch spontan die Möglichkeit, ehrenamtlich tätig zu werden und zu helfen, egal, ob in Erstaufnahmestellen, an Bahnhöfen oder in Kleiderkammern. Und es ist mehr als nötig.

44

WIE WÄRE ES MIT ... ANGELN?

Angeln ist das Sinnbild für Entspannung! Millionen allein in Deutschland frönen diesem Hobby, mal mehr, mal weniger professionell. Hier soll es um das Hobbyangeln gehen und nicht um den Angelsport.

Was Sie benötigen, sind eine Angel und ein Angelschein, den Sie bei Ihrem jeweiligen Angelsport-Landesverband machen können, denn ohne ein bisschen Basiswissen macht es zum einen keinen Spaß, und zum anderen ist Fischwilderei in Deutschland ein Straftatbestand. Es empfiehlt sich also, einen Angelschein vorweisen zu können, wenn Sie gerade dabei sind, einen kapitalen Burschen an Land zu ziehen, und ein Ordnungshüter Sie nach Ihrer Erlaubnis hierfür fragt.

Wenn Sie Ihren Angelschein erst einmal haben, sollten Sie erst einmal wissen, »auf was Sie gehen«, sprich, was Sie überhaupt angeln wollen und wie. Fliegenfischen, Hochseefischen oder doch lieber Dorschangeln vom Boot und an den Küsten? In letzterem Fall hilft Ihnen ausgerechnet ein ehemaliger Fußballspieler. Horst Hrubesch, das Kopfballungeheuer, das früher beim Hamburger SV spielte und heute Pferde züchtet, hat nämlich vor langer Zeit schon ein Buch mit ebendiesem Titel, *Dorschangeln vom Boot und an den Küsten*, veröffentlicht, denn auch Fußballspieler benötigen einmal Ruhe und Abstand von ihrem Job.

Überhaupt gibt es mittlerweile nicht nur eine ganze Menge Lektüre zur Fischerei, sondern auch diverse TV-Sendungen.

Hauptsächlich Fernsehsender, deren Kernzielgruppe aus Männern besteht, zeigen regelmäßig interessante Sendungen zu diesem Thema. Zugegeben, ich bin kein Freund des Angelns, des nächtlichen Wartens an einem See, mitten im Nirgendwo. Nichtsdestotrotz gebe ich gern zu, dass der Gedanke reizvoll ist, auf hoher See einen Marlin oder Thunfisch zu fangen.

Was? Sie mögen keinen Fisch? Dann ist Angeln vielleicht doch nicht die richtige Wahl für Sie, auch wenn man ja theoretisch den Fisch auch wieder aussetzen könnte ...

45

WIE WÄRE ES MIT ... UMWELTSCHUTZ?

Wenn Angeln schon nicht das Richtige für Sie ist, dann ja vielleicht der Schutz der Fische. Umweltschutz ist seit Jahren ein Thema, das dauerhaft brandaktuell ist. Setzte man Umweltschützer früher noch mit verwirrten Müslifressern von den Grünen gleich, ist der Schutz der Natur mittlerweile in der Mitte der Gesellschaft angekommen. Prominente engagieren sich für den Tierschutz, Kampagnen von Organisationen wie Greenpeace finden als Musterbeispiele ihren Weg in die Hörsäle von Hochschulen, und wenn man im Ausland nach einer grunddeutschen Tugend fragt, antworten die Menschen »Recycling«.

Zahlreiche Organisationen engagieren sich für die Umwelt, es bleibt nur die Frage, welche Sie tatkräftig unterstützen möchten. PETA widmet sich ganz dem Tierschutz und verlässt sich dabei ganz auf aufrüttelnde Aktionen. Die Altmeister von Greenpeace seilen sich noch immer an Atomkraftwerken ab oder nutzen auch schon mal ein Spiel der UEFA Champions League (die von einem großen russischen Energieunternehmen unterstützt wird), um für den Schutz der Natur zu werben.

Einen nahezu kometenhaften Aufstieg erfuhr eine Organisation, die von Lobbyisten und betroffenen Unternehmen auch schon mal als kriminell bezeichnet wird. Sea Shepherd darf man wohl als die derzeit bekannteste Gruppe von Aktivisten bezeichnen, die sich für den Schutz von Meerestieren wie Delfinen und Walen einsetzt und dabei nicht gerade zimperlich zur Sache geht.

Wer mit offenen Augen durch die Welt geht, wird kaum übersehen, dass immer mehr Menschen aus Solidarität Kleidungsstücke mit dem Totenkopf über dem mit einem Hirtenstab gekreuzten Dreizack tragen und sich so als Unterstützer der als militant bezeichneten Tierschützer um Kapitän Paul Watson bekennen. Ich selbst habe einen Freund, der vom Hobbyangler zum Aktivisten wurde und nun regelmäßig auf Island oder den Färöer-Inseln an Aktionen gegen den Walfang beteiligt ist.

Entscheiden Sie selbst, für welche Organisation Sie sich engagieren möchten! Und wenn Sie doch lieber nicht aktiv werden wollen, dann spenden Sie doch einfach das nächste Mal etwas, wenn die ehrenamtlichen Helfer vom BUND Sie mal wieder an der U-Bahn-Haltestelle aufhalten.

46

WIE WÄRE ES MIT ... KUNST?

Vorabinfo: Selbstverständlich ist mir bewusst, dass Streetart derzeit eine der angesagtesten Kunstformen ist; da ich allerdings nicht zu Straftaten aufrufen darf, entfällt diese Kunstvariante in den folgenden Zeilen absichtlich.

Sind Sie ein kreativer Mensch? Lieben Sie es, etwas zu erschaffen? Dann sollten Sie vielleicht erwägen, sich den schönen Künsten zu widmen. Ist Ihnen zu langweilig? Ich bitte Sie! Neben der Tatsache, dass es äußerst beruhigend wirkt, mit einer Staffelei in der Natur zu sitzen und Landschaften zu malen, muss es ja auch nicht unbedingt gleich Ölmalerei sein!

Versuchen Sie sich doch zum Beispiel an Graffiti! Graffiti ist modern, Graffiti ist anarchisch, Graffiti kann man zur Not auch auf Leinwände sprühen und so dem Straftatbestand der Sachbeschädigung entkommen. Im Zweifelsfall beginnen Sie mit Airbrush, dem kleinen Bruder der Sprühdose.

Klassiker bleiben in dieser Hinsicht natürlich Techniken wie Kreide-, Wachs-, Aquarell- oder auch Acrylmalerei sowie Bleistiftzeichnungen. Wenn Sie einmal recherchieren, werden Sie aber noch unzählige Möglichkeiten finden, wie Sie Bilder erschaffen können, in dieser Hinsicht sind Ihrer Kreativität kaum Grenzen gesetzt.

Oder was halten Sie von Skulpturen? Erschaffen Sie Kunstgegenstände! Dafür können Sie eigentlich alles nutzen: Altmetall, Speckstein, Holz, Plastik, Stein, Ton oder auch den 3-D-Drucker aus dem Büro (fragen Sie aber besser vorher Ihren Boss, ob das in Ordnung geht).

Sollte Ihnen die künstlerische Arbeit beziehungsweise die Fingerfertigkeit fehlen, selbst als Künstler tätig zu werden, so bleibt gottlob immer noch der Gang ins Museum. Kunstausstellungen finden sich heutzutage in jeder größeren Stadt, und teilweise bieten auch Museen schon Jahreskarten an, mit denen manchmal sogar mehrere Orte besucht werden können.

47

WIE WÄRE ES MIT ... MUSIK?

Freude schöner Götterfunken, Tochter aus Elysium! Widmen Sie sich doch einer der schönsten Sachen auf dieser Welt, nämlich der Musik. Lernen Sie ein Instrument zu spielen, wenn Sie nicht eh schon eines beherrschen, und gründen Sie eine Band!

Für eine Karriere als Musiker ist es nie zu spät! Schon bei Onkel Pö, dem berühmten Jazzlokal in Hamburg, spielte laut

Udo Lindenberg eine Rentnerband seit 20 Jahren Dixieland, und wer auf dem Land aufgewachsen ist, der weiß, dass die Mitglieder der Musikgruppen, die in den dortigen Scheunendiskotheken, auf Schützenbällen und so ziemlich jedem anderen Bauernbums auftreten, im Durchschnitt meistens schon weit jenseits der 30 Jahre alt sind. Alles, was Sie benötigen, ist etwas Taktgefühl, musikalisches Verständnis und natürlich Gleichgesinnte, mit denen Sie wöchentlich proben können. Der erste Auftritt kommt dann wie von selbst.

Wenn Ihnen eine Karriere als Rockstar oder Coverband allerdings zu wild ist, gibt es als Alternative immer noch die örtlichen Chöre oder auch Kapellen und Spielmannszüge. Einen Lebenswandel wie Lenny Kilmister werden Sie dort mit Sicherheit nicht haben, dafür erfreuen Sie die Zuhörer auf Schützenfesten und Weihnachtsmärkten oder zur Christmette am Heiligen Abend.

Sollten Sie mit Notenblättern eher auf Kriegsfuß stehen, bleibt Ihnen als Ausweg immer noch das Djing. Damit ist jetzt nicht unbedingt Scratchen und Mixen gemeint, wie man es zum Beispiel aus dem HipHop kennt, sondern eher die Form der Alleinunterhaltung in Großraumdiskotheken und Veranstaltungen. Mittlerweile benötigen Sie hierfür nicht einmal mehr zwei Plattenspieler oder CD-Player samt Mischpult und riesigem Platten- beziehungsweise CD-Koffer, sondern kommen mit einem Laptop aus, auf dem Sie eine Auswahl gut abgehangener Evergreens und aktueller Hits gespeichert haben. Dabei ist es immer gut, wenn man auf Partys mit einem bestimmten Motto für die Musik zuständig ist. Etwas schwieriger wird es auf Hochzeiten und

Firmenfeiern. Wenn Ihnen die Gastgeber hier keine Genres vorgeben, kann Ihr Auftritt leicht in die Hosen gehen, weil Sie den Geschmack des Publikums nicht treffen. In diesem Fall sollten Sie eine Notfall-Tracklist dabeihaben, die von John Denver bis zur Hermes House Band reicht und idealerweise ausschließlich Mitgröl-Hits beinhaltet, die wirklich jeder kennt. Vorsicht ist bei Helene Fischer und ähnlichen Interpreten geboten! Die Entscheidung pro oder contra ist in diesen Fällen ein Ritt auf der Rasierklinge!

Sie trauen sich eine Karriere als DJ zu? Dann müssen Sie nur noch Werbung für Ihre rollende Disco machen. Erlaubt ist dabei eigentlich alles. Hüten Sie sich allerdings vor dem Slogan »Sie rufen an – ich lege auf«! Den gibt es nämlich schon.

48

WIE WÄRE ES MIT … FESTIVALBESUCHEN?

Sommerzeit ist Festivalzeit. Da passt es gut in den Kram, dass im Sommer auch Bundesligapause ist, Sommerpause nämlich. Zeit also, sich etwas zu entspannen oder eben auf Festivals zu fahren, um dem Elend der fußballlosen Zeit zu entfliehen!

Bedenken Sie dabei, dass Sie nicht der Einzige sind, der diese Idee hat. Um genau zu sein, werden Sie wohl vor verschlossenen Toren stehen, wenn Sie sich spontan dafür entscheiden, am kommenden Wochenende das Hurricane Festival in Scheeßel zu besuchen. Es sei denn, Sie haben Glück und finden noch Tickets bei einem bekannten Internet-Auktionshaus. Ordern Sie also bereits im Vorsommer Ihre Festivalkarten, um auf Nummer sicher zu gehen.

Zur weiteren Vorbereitung sollten Sie sich Gedanken darum machen, was es mitzunehmen gilt. Unabdingbar ist Ihre Unterkunft. Je nachdem, wie alt und bequem Sie sind, müssen Sie sich zwischen Zelt und Wohnmobil entscheiden. Vergessen Sie in ersterem Fall außerdem bloß nicht Ihre Angelrute, an der Sie eine Kombination hässlicher Fahnen hissen, damit Sie Ihr Zelt auch wiederfinden und nehmen Sie genug Toilettenpapier und/oder Immodium akut mit.

Auch wenn es Ihnen nicht so vorkommt, im Sommer regnet es in Europa mehr als im Winter und an Festivalwochenenden erst recht! Sie benötigen daher eine Regen- oder Festivaljacke, wie diese Dinger neuerdings heißen, und eigentlich auch ein Paar Gummistiefel zur Sicherheit. Wenn Sie zu eitel sind, reichen natürlich auch ein Paar Turnschuhe, die Sie danach einfach in den Müll werfen. Ebenfalls nicht vergessen sollten Sie einen Sonnenhut und Sonnencreme, denn es wird Ihnen schon aufgefallen sein: Es regnet im Sommer nicht nur häufiger als im Winter, auch die Sonne scheint länger und intensiver. Gegebenenfalls sogar an einem Festivalwochenende! Neben dieser Ausrüstung für extreme Wetterbedingungen steht es Ihnen natürlich frei zu entscheiden, was »nur das Nötigste« beim Einpacken bedeutet. Pflaster, Verbandszeug, Desinfektionsmittel und

Kopfschmerztabletten könnten aber ebenso sinnvoll sein wie Plastikgeschirr.

Mit der Verpflegung ist das ja immer so eine Sache auf Festivals. Hätten Sie früher gesagt »fünf Paletten Hansa und zwei Flaschen Jacky sollten pro Person für drei Tage reichen«, sehen Sie das mittlerweile vielleicht etwas anders, denn die feste Nahrung auf Festivals kostet ein Heidengeld, und die Zeiten, in denen fünf Bier auch ein Schnitzel ergeben haben, sind längst vorbei. Reisen Sie im Wohnmobil an, können Sie natürlich ganz locker einen Plan für gesunde und ausgewogene Ernährung machen und zusätzlich noch einen Karton mit Zutaten für das morgendliche Katerfrühstück packen. Wer es hingegen dem Fußvolk gleichtut, der muss sich genau überlegen, was er sich auf dem Gas- oder Karbidkocher – den es ebenfalls einzupacken gilt – neben Ravioli aus der Dose (Dosenöffner/Taschenmesser nicht vergessen!) zubereiten will und welche Getränke er den Mitstreitern kredenzen möchte.

Versuchen Sie am Tag vor der Anreise zum Festival möglichst nicht bis zum Morgengrauen durch die Kneipen und Bars Ihrer Stadt zu ziehen, sondern genießen Sie noch einmal die letzte Nacht in einem richtigen Bett, in aller Ruhe, ohne Gegröle, Kotz- und Kopulationsgeräusche.

Am großen Tag heißt es dann ausgiebig frühstücken und ab zum Festival! Gönnen Sie sich bereits auf der Anfahrt das erste Bier, übertreiben Sie es aber nicht! Security-Angestellte können relativ allergisch auf Witze reagieren, die in Ihrem Brausebrand zwar unfassbar lustig sind, von nüchternen Mitarbeitern des Sicherheitsdienstes aber als eher enervierend wahrgenommen werden. Zumal Sie davon ausgehen müssen, dass jeder Witz, der aus einer Bierlaune heraus entsteht, bereits zigfach gerissen wurde. Gleiches gilt übrigens auch für die Konversation mit den Leuten am Bierstand oder an der Wurstbude.

Auf dem Festivalgelände angekommen, sollten Sie zudem noch in der Lage sein, klar zu denken, denn eine strategisch klug gewählte Stelle für Ihren Lagerplatz ist das A und O eines erfolgreichen und gelungenen Wochenendes. Insbesondere wenn Sie zelten, sollten Sie darauf achten, nicht zu nah an den Toiletten zu campen und auch nicht unbedingt die am tiefsten gelegene Stelle zu wählen. Sie erinnern sich: Im Sommer regnet es häufiger als im Winter. Wenn Sie nun das Glück haben, dass auch noch Ihre Nachbarn auf dem Zeltplatz verträgliche Mitmenschen sind und nicht einer daueralkoholisierten Gruppe spätpubertierender Landjugend-Mitglieder oder einem fiesen Rockerclub angehören, sollten Sie sich voll und ganz auf die Musik konzentrieren können.

Viel Spaß!

49

WIE WÄRE ES MIT ... MINIGOLF?

Golf wird ja gemeinhin von bösen Menschen als Sport für Menschen bezeichnet, die keinen Sex mehr haben, dafür aber ein gut gefülltes Festgeldkonto. Anders verhält es sich zum Glück mit Minigolf. Der Golfsport des kleinen Mannes ist zu erschwinglichen Preisen zu betreiben, die Eintrittspreise auf den Anlagen bewegen sich im unteren einstelligen Eurobereich. Schläger und Ball sind bereits im Preis enthalten, und eigentlich jeder Minigolfplatz verfügt über eine Gastronomie, die zumindest die Grundbedürfnisse der Spieler befriedigt.

Minigolf ist ein kurzweiliger Zeitvertreib, der nur ein wenig Geschick verlangt und selbst dann noch Spaß macht, wenn man zwei linke Hände hat – vorausgesetzt, bei Ihren Mitspielern handelt es sich ebenfalls um eher ungeschickte Zeitgenossen. Nichtsdestotrotz kann man Minigolf aber natürlich auch mehr oder weniger professionell betreiben. In eigentlich jeder Stadt gibt es Minigolf-Clubs, denen Sie beitreten können. Es gibt sogar mit dem Deutschen Minigolfsport Verband (DMV) eine eigene Organisation für diesen wunderbaren Sport, die Wettbewerbe bis hin zur deutschen Meisterschaft ausrichtet.

In diesem Fall werden Sie natürlich mit dem Leihschläger und einem 08/15-Ball nur müde belächelt. Als professioneller Minigolfer benötigen Sie einen auf Sie abgestimmten Schläger, dessen Kopf austauschbar ist – fast wie beim »echten« Golf –, sowie eine Tasche, in der Sie Ihre persönlichen Bälle mitführen, die Sie an jeder einzelnen Bahn wechseln. Das kostet natürlich ein paar Taler, die aber gut investiert sind. Denn Sie dürfen ruhig zugeben, dass es Ihr Kindheitstraum ist, die perfekte Runde beim Minigolf hinzulegen und es Ihrem Vater, der immer die Regeln gedehnt hat, einmal richtig zu zeigen!

Sie finden Minigolf kindisch und kennen eh schon alle Bahnen, haben aber immer noch Sex? Dann versuchen Sie es doch mit Cross Golf, dem Sport für junge und jung gebliebene Anarchos und Business-Punks, den man überall spielen kann!

50

WIE WÄRE ES MIT ... FLOHMARKT?

Eingangs sprachen wir doch über Ihre nun überflüssigen Fanartikel, die Sie zum Beispiel auf einer Sammlerbörse veräußern könnten. Nun, Schals und Trikots, T-Shirts und Autogrammkarten werden ja sicher nicht die einzigen Dinge sein, die bei Ihnen auf dem Speicher ein tristes Dasein fristen oder als Staubfänger in der Schrankwand dahinvegetieren.

Die Antwort darauf ist auch hier: Flohmarkt! Flohmärkte gibt es dankenswerterweise das ganze Jahr über und besonders häufig in den Sommermonaten. Die Kosten für Ihren Stand haben Sie mit Glück bereits nach kurzer Zeit wieder drin. Dafür gilt es aber auch, früh am Platz zu sein und sich insbesondere in der Anfangsphase jedes Marktes beim Feilschen nicht die Butter vom Brot nehmen zu lassen. Man kennt das: Gerade hat man den Tapeziertisch aus dem Kofferraum des geliehenen Kombis gezogen und macht sich daran, die Waren attraktiv anzuordnen, da muss man be-

reits den ersten Profihändler aus dem Auto ziehen, der sich an den Kisten mit dem ganzen Ramsch zu schaffen macht. Hier heißt es, aufmerksam zu sein. Ich selbst musste einst im Laufe eines solchen Flohmarktes realisieren, dass man mich aufs Übelste übers Ohr gehauen hatte. Zum Verkauf stand ein Blechauto aus den 1950er-Jahren, das man an einer Schraube aufziehen konnte. Ein unauffälliger älterer Herr, der auch zur Stammkundschaft einer Porno-Videothek gehören könnte, kaufte mir das Spielzeug zu einem – wie ich meinte – stattlichen Preis von 50 Euro ab. Gerade als das Geschäft unter Dach und Fach war, wollte mir ein weiterer Herr deutlich mehr bieten. Daher beobachten Sie bitte genau, wer sich Ihrem Stand nähert!

Natürlich ist der Inhalt jedes Dachbodens irgendwann einmal erschöpft. Nun kann man sich gegebenenfalls wieder dem Fußball widmen und mit prall gefüllten Taschen erster Klasse zum Auswärtsspiel fahren oder aber ebenfalls unter die professionellen Händler gehen und in anderer Leute Kofferräume kriechen, um geerbte Kerzenständer und Spielzeugautos zum Spottpreis zu erstehen und in der nächsten Woche wieder weiterzuverkaufen. Sie sehen, der Flohmarkt muss nicht nur ein netter Zeitvertreib an Sommersamstagen sein, er kann auch eine passable Einkommensquelle werden, die manchen sogar süchtig macht! Werden Sie bitte nur nicht zum abgebrühten Abzocker, denn wie Sie soeben gelesen haben, sind diese unter den Gelegenheitsverkäufern nicht sehr wohlgelitten, und ich wäre persönlich von Ihnen enttäuscht.

51

WIE WÄRE ES MIT ... KEGELN?

Gibt es etwas Piefigeres und Spießigeres, etwas Deutscheres als Kegeln? Höchstens noch die Taubenzucht, aber das macht diesen Sport so wunderbar kultig. Der Gedanke an eine dunkel getäfelte Bundeskegelbahn im Keller eines kroatischen Restaurants, das bereits in den 1970er-Jahren erbaut wurde, lässt doch das Herz eines jeden Vereinsmeiers und Traditionalisten höher schlagen!

Zwei Bahnen, abgetrennt durch eine Scheibe vom Aufenthaltsraum, durch den der Qualm filterloser Zigaretten wabert, an beiden Seiten des langen Eichenholztisches sitzen die beiden Mannschaften bei Bier und Schnaps und Gulaschsuppe mit zwei Stücken Weißbrot. Vorne an der Scheibe blinken die Lampen des Bahncomputers. Da kommt doch wahre Freude auf!

Kegeln mag manchen Leuten als spießig gelten, doch es ist andererseits der Inbegriff von Geselligkeit, wenn die beiden Teams gegeneinander um Punkte spielen und jeder Pudel mit einem Kurzen bestraft wird. Mannschaftsnamen wie »Gut Holz«, »Die Goldenen Pudel« oder »Pint und Pegel« zeugen von schrägen Freundeskreisen mit seltsamem Humor, die sich hier unten, im Souterrain, duellieren.

Der Spaß steht im Vordergrund, und niemand ist dem anderen böse, wenn er einmal seiner Mannschaft den Sieg gekostet hat. In diesem Fall kommt es zur ritualisierten Bestrafung, der Krönung zum Pudelkönig, einem Titel von zweifelhaftem Ruhm, wird er doch demjenigen zuteil, der am häufigsten seine Kugel neben die Bahn geschoben und somit null Punkte erkegelt hat.

Natürlich geht Kegeln auch anders. Tatsächlich gibt es auch hier einen Bundesverband und eine Bundesliga, ja selbst eine Nationalmannschaft. Der Deutsche Kegler- und Bowlingbund e.V. (DKB) informiert auf seiner Website sogar zum Thema Anti-Doping und verlinkt eine App von NADA, der Nationalen Anti-Doping-Agentur, mit der man prüfen kann, welche Medikamente beim Kegeln erlaubt sind. Vielleicht bleiben Sie also doch lieber beim Hobbykegeln, bei dem es weniger um Regeln als vielmehr um den Spaß an der Freude geht. Und wenn Ihnen das zu spießig ist, dann gehen Sie halt zum Bowling.

52

WIE WÄRE ES MIT ... DARTS?

Ich muss gestehen, dass ich von Darts keine Ahnung habe. Oder zumindest nicht mehr, als dass ich in der Kneipe beim Darten als erster die Null erreicht haben muss. Das liegt daran, dass ich kaum Darts spiele, denn unter dem Einfluss von Bier werfe ich ungenau. Nichtsdestotrotz ist natürlich auch mir nicht entgangen, dass Darts-Spielen wohl die Sportart ist, die in den letzten Jahren am meisten an Popularität gewonnen hat. Schuld daran ist offenbar unter anderem ein gewisser Phil Taylor, dem das erstaunlich zahlreiche Publikum im Saal mehrheitlich die Daumen zu drücken scheint.

Auf einmal zeigen TV-Sender die Darts-WM, was allerdings auch daran liegen könnte, dass bei Darts-Events regelmäßig die Kuh fliegt. Einen nicht gerade geringen Anteil daran haben die in der Halle anwesenden Zuschauer, die zum großen Teil kostümiert sind, wie der klassische Kölner am Rosenmontag. Jeder Zweite hält dabei ein Schild hoch, auf dem zum Teil nicht ganz jugendfreie Aufschriften oder auch die eine oder andere Beleidigung zu lesen sind.

Am Ende aber ist Darts ein spannender Sport abseits des totkommerzialisierten Mainstreams und keineswegs nur ein Event im Winter, bei dem man sich eben auch gut ein paar Bier gönnen kann. Ein Wurf kann über Sieg und Niederlage entscheiden, und das jederzeit (außer vielleicht direkt zu Beginn). Wer die Darts-WM im TV verfolgt, der sieht zwar immer noch zum Teil bierbäuchige Glatzköpfe spielen, allerdings muss ihn das Spiel samt Drumherum faszinieren – gerade als (ehemaliger) Fußballfan, dem die bei der Darts-WM betriebene Folklore alles andere als fremd sein dürfte. Sportlicher Wettkampf und eine gute Zeit; warum werden Sie nicht selbst Darts-Spieler? Wenn es dann nicht zur Teilnahme an der WM reicht, dann können Sie schließlich immer noch aus Spaß an der Freude als Zuschauer anreisen und in friedlicher, gleichzeitig aber großartiger Atmosphäre Ihren Sport feiern.

53

WIE WÄRE ES MIT ... WINTERSPORT?

Die Winterpause und ihre Tücken wurden bisher aufs Schändlichste vernachlässigt. Und das, obwohl sie Fußballabhängigen noch trostloser, sinnloser und lebensbedrohlicher erscheint als die Sommerpause.

Im Winter ruht der Ball, und die Alternativen zur Bundesliga sind rar gesät. Auch Outdoor-Aktivitäten verlieren im Winter ihren Reiz, ganz gleich, ob bei Schnee und Eis oder bei strömendem Regen und Temperaturen weit jenseits der zehn Grad Celsius, wie erst zum Jahresende 2015 erlebt.

Da trifft es sich ganz gut, dass es auch in Deutschland beziehungsweise Europa noch Gebiete gibt, die ausreichend hoch gelegen sind und wo es sich ganz hervorragend die fußballlose Zeit überbrücken lässt – tagsüber wie auch am Abend! Die Rede ist natürlich von Wintersportgebieten, wie zum Beispiel in den Alpen. Skifahren, Rodeln, Snowboarden, das hält Sie fit und lässt die Zeit wie im Fluge vergehen. Praktisch: Sie müssen nicht einmal zwingend eine eigene Ausrüstung besitzen, wenn wir einmal von angemessener Kleidung absehen. Und abends? Da feiert die Masse der Wintersportfreaks ausgelassen auf Hütten und in Clubs!

Sie hatten noch nie ein Paar Ski oder ein Snowboard unter den Füßen? Macht nichts, kann man alles lernen! Und danach heißt es Schussfahrt, Three-Sixty und Einkehrschwung! Wem das alles nicht ausreicht, der lässt den Blick gen Osten schweifen. Nein, nicht nach Polen. Obwohl es auch da tolle Skigebiete gibt, die auch noch deutlich günstiger sind. Gemeint ist Kirgisistan! Ich selbst hatte diesen Hotspot für Wintersportfans bis Dezember 2015 nicht auf der Rechnung und wurde von einem Arbeitskollegen auf den gottverlassenen Flecken Erde in Zentralasien, zwischen Kasachstan, China, Tadschikistan und Usbekistan gelegen, aufmerksam gemacht.

Wenn es einen Ort für abenteuerlustige Wintersportfreunde gibt, dann ist es wohl diese ehemalige Sowjetrepublik! Über Schneemangel werden Sie hier so schnell nicht klagen, und günstig ist es obendrein. Zugegeben, die Anreise ist etwas komplizierter, als wenn Sie mit der Deutschen Bahn nach Salzburg oder Tirol fahren, und die Sprachbarriere ist etwas höher als in der Schweiz, während die medizinischen Standards deutlich geringer sind. So wird zum Beispiel durch das Auswärtige Amt dazu geraten, Medikamente, eigenes Verbandsmaterial und Einwegspritzen mitzunehmen. Auch ist die Sicherheitslage teilweise nicht immer vertrauenerweckend.

Dafür werden Sie hier allerdings garantiert von deutscher Schlagermusik und Après-Ski-Hits verschont werden, was schon einmal ein großer Vorteil ist, und neben der Schneegarantie im Winter, haben Sie hier auch die Möglichkeit, spezielle Angebote wahrzunehmen, die in Deutschland nicht erlaubt sind und in anderen europäischen Ländern wie Österreich oder Frankreich ganz schön ins Geld gehen. Gemeint ist das sogenannte Heli-Skiing, bei dem Sie direkt aus dem Helikopter auf die Piste springen. Also, wenn Sie

sich denn trauen und nicht gerade erst gelernt haben, auf dem Snowboard zu stehen.

Sollte Kirgisistan für Sie doch etwas zu exotisch und wild erscheinen, bleibt auch noch der Sprung beziehungsweise Flug über den Atlantik, um die Rocky Mountains unsicher zu machen. Mein Tipp: Buchen Sie doch einen Winterurlaub in Aspen, Colorado. Neben der Tatsache, dass es sich dort ganz passabel Ski und Snowboard in wunderschöner Umgebung fahren lässt, beliebt auch die High Society der Vereinigten Staaten dort zu residieren, was Ihnen den angenehmen Nebeneffekt beschert, einen reichen Hollywoodstar erst anzugraben und dann zu heiraten. Jedenfalls, wenn Sie es klug anstellen und bereit sind, sich abends etwas in Schale zu werfen. Das haben Sie in Kirgisistan natürlich nicht!

54

WIE WÄRE ES MIT ... WASSERSPORT?

Wintersport gut und schön, aber den kann man eben nur im Winter betreiben oder in diesen neuen Riesenhallen, die an den deutschen Autobahnen im Norden stehen. Aber das ist ja auch irgendwie nicht so ganz das Gelbe vom Ei ... Wassersport hingegen ist ein Ganzjahressport, und es eröffnen sich unendlich viele Möglichkeiten.

Zum Beispiel Schwimmen. Das kann ja heutzutage fast jeder in Deutschland, dem Schulsport sei Dank! Und wer es dort nicht gelernt hat, der hat immer noch die Möglichkeit, bei der Deutschen Lebensrettungsgesellschaft (DLRG) in einem Schwimmbad seiner Wahl schwimmen zu lernen. Neben der Tatsache, dass Sie ein Kreuz wie ein Bär bekommen und Ihre körperliche Fitness den Neid Ihrer Mitbürger auf Sie ziehen wird, können Sie auch noch im Sommerurlaub sparen und als Rettungsschwimmer dort freiwillig Ihren Dienst verrichten, wo andere Urlaub machen! Win-win-Situation, würde ich behaupten!

Wem Schwimmen zu langweilig und zu uncool ist, der kann es auch mit Windsurfen oder Kite-Surfen versuchen. Beide Sportarten machen sich den Wind zunutze, und bei beiden steht man auf einem Surfboard. Während man beim Windsurfen das Segel in der Hand hat und im Affenzahn über das Wasser schießt, hält man beim Kite-Surfen lediglich eine Stange in der Hand, die über Seile mit einem Drachen verbunden ist. Damit schießt man nicht nur über das Wasser, sondern man macht auch noch tollkühne Sprünge durch die Luft. Funktioniert überall dort, wo es windig ist, theoretisch also auch auf Badeseen.

Mit dem Surfboard hingegen wird man am Badesee leider nichts. Es muss das Meer sein und möglichst ein Strand, an dem meterhohe Wellen branden. Kunstvolle Sprünge wie beim Wind- oder Kite-Surfen sind hier zwar nicht drin, dafür ist man der Gewalt des Meeres schutzlos ausgeliefert. Sie kennen sicherlich die Bilder tollkühner, braun gebrannter Surferboys, die durch einen haushohen Wellentunnel brausen und nach diesem atemberaubenden Stunt dem Wasser entsteigen wie junge Götter! Dazu natürlich das zahnpastaweiße Gewinnerlächeln, das die Zuschauer dahinschmelzen lässt. Das Schöne am Surfen ist, dass die meisten coolen Spots, wie man die Surfreviere nennt, irgendwo dort zu finden sind, wo es warm ist. In Kalifornien, auf Hawaii oder in Mexiko. Und wenn es dort doch einmal nicht warm ist, nämlich im Winter, dann gibt es noch Australien als Ausweichort. Dort ist im Nordwinter Sommer, weshalb Sie als Surfer einfach immer Saison haben, wenn Sie es sich leisten können.

Wo wir schon mal bei Australien sind: Ein Hotspot für die Jünger unseres kommenden Hobbys liegt in der Nähe des Kontinentes »Down Under«. Mit Hobby ist Tauchen und mit Hotspot ist das Great Barrier Reef gemeint. Das Korallenriff ist so groß, dass man es vom Weltraum aus sehen kann beziehungsweise sehen könnte, wenn es möglich wäre, dort zu einem schmalen Preis hinzufliegen (wäre dann auch ein Tipp in diesem Buch). Das empfindliche Ökosystem ist der Traum eines jeden Tauchers und zieht diese natürlich auch in Scharen an. In etwa so wie die Karibik. Beide Gebiete bieten nämlich mit ihrem klaren Wasser optimale Tauchbedingungen, sind allerdings leider auch recht anfällig für Stürme. Während man am Great Barrier Reef die traumhafte Unterwassernatur genießen kann, gibt es in der Karibik zusätzlich noch die Möglichkeit, den ganz dicken Fang zu machen. Versunkene spanische Galeonen und Piratenschiffe versprechen dem, der daran glaubt, unschätzbare Reichtümer!

Toll kombinieren können Sie Schwimm- und Tauchsport im Übrigen mit dem Segeln. Alles, was Sie zum Segeln benötigen, sind ein Segelschein und ein kleines Boot oder – mangels nötigem Kleingeld – jemanden, der ein solches Boot besitzt und Sie mit auf große Fahrt nimmt. Was »groß« in diesem Fall bedeutet, entscheiden Sie im Übrigen selbst. Das kann ein Segeltörn auf dem Steinhuder Meer sein oder auch eine Weltumsegelung. Es kommt eben auf die Perspektive an und darauf, wie viel Zeit Ihnen zur Verfügung steht. Wie die verschiedenen Surf-Varianten können Sie das Segeln übrigens auch als Sport betreiben und mit etwas Geschick sogar bei den Olympischen Sommerspielen antreten. Falls Sie das planen, sollten Sie allerdings einen Umzug an ein Gewässer erwägen, das gute Segelvoraussetzungen bietet, falls Sie dort nicht bereits wohnen.

55

WIE WÄRE ES MIT ... RUGBY?

Kennen Sie Rugby? Nein? Fußball ist ein Sport für Gentlemen, gespielt von Hooligans – Rugby ist ein Sport für Hooligans, gespielt von Gentlemen. Diese Weisheit bekommt man zu hören, wenn man einen Rugbyspieler fragt, wie dieses Spiel zu charakterisieren ist. Und tatsächlich, das trifft es ganz gut. Wer sich einmal ein Rugbyspiel angesehen hat, der kommt zu dem Schluss, dass es auf dem Spielfeld ganz schön rau zugeht. Nasenbeinbrüche, Schürfwunden, Stauchungen, Brüche, Prellungen und Gehirnerschütterungen sind beim

Rugby gefühlt an der Tagesordnung. Man könnte das Spiel wohl auch als Hooliganschlägerei mit strengen Regeln bezeichnen.

Und ebendieses Spektakel war eines der heiß diskutierten Ereignisse des Sportjahres 2015 – neben der Durchsuchung der FIFA-Zentrale natürlich und neben der *SPIEGEL*-Story um die gekaufte WM 2006. Sie haben es vielleicht mitbekommen: Neuseeland ist Rugby-Weltmeister, nachdem man fulminant den Gegner aus Australien ausgeschaltet hatte! Wenn Sie dieses Ereignis nicht auf Eurosport live mitbekommen haben, dann sicherlich per Facebook, wo sich im Anschluss gefühlt jeder Zweite aus der Freundesliste zum Rugby bekannte und ein Video postete, in dem entweder die »All Blacks« – so heißt die Mannschaft – selbst oder das Bodenpersonal des Flughafens von Auckland zu ihren Ehren den »Haka«, den Kriegstanz der Maori, vollführen.

Warum versuchen Sie es also nicht mit Rugby? Wenn Sie sich schon nicht selbst ins Gedränge werfen und ihre Ohren zu Blumenkohl drücken lassen wollen, dann doch vielleicht zumindest als Fan? Natürlich kann Rugby in Deutschland nicht mit modernen Stadien und Fanszenen aufwarten, aber immerhin kommt es dem Fußball noch am nächsten. Es wird auf Rasen gespielt, man darf mit dem Fuß den Ball schießen (wenn er vorher auf den Boden getippt wurde), das Publikum trinkt Bier, und auf Hooligans müssen Sie auch nicht verzichten. Zumindest ist es manchmal schwierig, eine Rugbymannschaft auf der Rückfahrt vom Auswärtsspiel von Fußballhooligans zu unterscheiden. Breit gebaut sind beide Spezies, angetrunken ebenfalls, und nackt könnte auch der eine oder andere auf beiden Seiten sein. Den Unterschied merken Sie erst, wenn es zu spät ist und Sie sich Ärger eingehandelt haben. Während der Hooligan Ihnen eine rechte Gerade in die Dekoration zimmert, wird der Rugbyspieler Sie mit einem Tackling außer Gefecht setzen. Heißt: er springt auf Sie zu, umfasst Ihre Oberschenkel und reißt Sie mit dem Schwung von 110 Kilogramm Lebendgewicht zu Boden. Kleiner Tipp daher am Rande: Immer erst einmal nach Sporttaschen schauen, wenn Sie unsicher sind, ob es sich um einen Krawallmob eines Fußballclubs handelt oder um eine Rugbymannschaft, die gerade ihren Sieg mittels einer Nacktpolonaise im Nahverkehrszug feiert. Denn auch das macht Rugby aus, es ist in Deutschland ein Nischensport. Während in England, Frankreich, Australien, Argentinien und eben auch Neuseeland die Jagd nach dem Ei mindestens genauso wichtig wie König Fußball ist oder sogar Volkssport Nummer eins, fristet Rugby in Deutschland noch ein trauriges Dasein als Randsportart, die deutsche Nationalmannschaft ist alles andere als ein sicherer Teilnehmer bei internationalen Turnieren.

Und doch hat Rugby auch in Deutschland Flair. Wenn auch nicht in eigens errichteten Rugbystadien vor Zigtausenden euphorischer Fans gespielt wird, ist es durchaus möglich, hier seinen Platz am Rande des Feldes zu finden und die Entwicklung des Spiels zu verfolgen. Und wenn es Ihnen tatsächlich zu langweilig werden sollte, beherzigen Sie einfach Kapitel 36 und buchen Sie einen Billigflug nach London, Dublin oder Glasgow, um für schmales Geld in den

Genuss hochklassigen Rugbysports, großartiger Stimmung und einiger Pints Ale zu kommen! Dann wissen Sie auch, warum Rugby eine gute Alternative zum Bundesligafußball ist.

56

WIE WÄRE ES MIT ... AMERICAN FOOTBALL?

Der Hype um diese Sportart ist zwar zwischenzeitlich etwas abgeflaut, aber wenn Ihnen Rugby zu brutal ist oder wenn Sie der Meinung sind, dass Ihr Körper zumindest mit Protektoren umgeben sein sollte, wenn ein 120-Kilo-Koloss Sie unsanft zu Boden bringt, dann versuchen Sie es doch beim American Football. Diese Sportart hatte in den 1990er-Jahren ihr Hoch in Deutschland, was aus meiner Sicht allerdings hauptsächlich daran lag, dass die deutsche Jugend gern in Bomber- oder Collegejacken der Washington Redskins oder Chicago Bears in die Großraumdiskotheken strömte und Schirmmützen mit dem Konterfei der Denver Broncos oder New England Patriots ein absolutes Musthave für den modebewussten Pubertierenden waren. Klingt abwertend, aber ich gebe gern zu, dieser Spezies angehört zu haben.

Nichtsdestotrotz gab es tatsächlich auch ernst gemeinte Versuche, den Sport in Deutschland zu etablieren. Zwischenzeitlich ebbte die Begeisterung junger Deutscher für diesen Sport, dessen Name vollkommen irreführend ist (müsste ja eigentlich American Handegg heißen), ab, doch mittlerweile scheint American Football ein Comeback zu feiern.

Dies ist insbesondere daran festzumachen, dass mittlerweile an gefühlt jedem Sonntag auf einem gewissen Spartensender Spiele der NFL (National Football League) gezeigt, kommentiert und aufgearbeitet werden und dass man in seiner Facebook-Chronik am Abend beziehungsweise Morgen des Super Bowl, der in etwa so was wie das DFB-Pokalfinale für den Amerikaner an sich darstellt, unzählige seltsame Einträge registrieren muss, die einem normalen Europäer so rein gar nichts sagen.

Okay, die New England Patriots kennt man aus der hervorragenden Comic-Serie *Family Guy* und die Denver Broncos, weil Homer Simpson in der genialen *Simpsons*-Folge mit dem Bösewicht Hank Scorpio seiner Frau Marge klarmacht, dass dieses Team im Grunde genommen ein Haufen Müll ist. Etwa so, wie die Fußballmannschaft aus Sinsheim, nur ohne die Gönner-Millionen. Aber sonst? Was wollen diese Leute bloß? Was fasziniert sie an diesem Sport für Möchtegern-Männer? Wie ertragen diese Menschen die steten Unterbrechungen und das nervige Gedudel von Chart-Musik, gepaart mit Werbeeinblendungen? American Football, das ist doch das Letzte für einen klar denkenden Menschen!

Oh … ich merke gerade, dass das wohl keine gute Werbung für American Football als zweites Hobby ist …

57

WIE WÄRE ES MIT ... HANDBALL?

Ich will ehrlich sein ... gerade eben in der Kneipe fand ich den Vorschlag mit dem Handball echt noch richtig gut. Danach habe ich dann den Empfang der deutschen Handballnationalmannschaft nach dem Gewinn des EM-Titels gesehen. Ich wollte schwadronieren über eine der härtesten Mannschaftssportarten der Welt, das schnelle Auf und Ab und Haste-nicht-gesehen. Und dann kam dieser Empfang ... DJ Ötzi für die Europameister und jubelnde Muttis. Mal ganz ehrlich ... das tut sich doch kein Mensch freiwillig an, der ansonsten zum Fußball fährt ...

58

WIE WÄRE ES MIT ... MARATHON?

Tagelange Reisen zu Auswärtsspielen und übermäßiger Alkoholkonsum, um die Leistung des eigenen Teams zu ertragen. Ein guter Arzt würde in Ohnmacht fallen. Umso begeisterter wäre er aber wegen Ihres neuen Steckenpferdes. Marathonlauf!

Sie schwören dem Fußball ab oder brauchen eine Beschäftigung, wenn auf dem Pay-TV-Kanal eben kein Bundesliga-Livespiel läuft, sondern Schmuddelfilmchen? Dann werden

Sie doch zum Marathoni! Tun Sie etwas für Ihren Körper und für Ihren Geist! Beginnen Sie ganz locker mit zwei bis fünf Kilometern und lernen Sie die unbändige Gier nach mehr kennen. Zehn Kilometer, 15 oder 20! Geißeln Sie sich selbst! Gehen Sie ans Äußerste und halten Sie sich immer das eine, das große Ziel vor Augen – den ersten Marathon!

Sie werden merken, dass Ihnen Ihr Trainings- und Ernährungsplan nicht mehr erlaubt, an Fußball zu denken, geschweige denn hinzugehen (außer, Sie sind total bekloppt). Sie merken, wie Ihre Ausdauer zunimmt und dass Sie immer fitter werden. Ihr Bierbauch, den Sie sich durch das jahrelange Zechen auf Auswärtsfahrten und nach den Heimspielen Ihres Clubs antrainiert haben, schrumpft unerbittlich! Statt Bier lagern Sie Power Bars im Kühlschrank, und nach dem Sport gibt es eine Banane statt des bisher favorisierten Radlers! Ihr erster Marathon lässt Sie in einen Rausch verfallen. Sie haben bei Kilometer 35 das Gefühl, auf der Stelle zu kollabieren, doch die Zuschauer pushen Sie zu Höchstleistungen. Nach dem ersten Lauf sind Sie angefixt wie ein fränkischer Jugendlicher, dem man das erste Mal Crystal Meth verabreicht hat. Sie wollen mehr, und Ihr Leben kreist nur noch um den nächsten Marathon. New York, London, Paris, Sie wollen überall starten und Ihre Zeiten verbessern! Unter drei Stunden ins Ziel, das ist Ihr Plan, und Sie trainieren eisern dafür und tragen tiefe Trauer, wenn es doch nicht klappt.

Klingt nach einer Herausforderung, nicht wahr? Also nehmen Sie diese an und beweisen Sie sich selbst, was Ihr Körper imstande ist zu leisten! Und wenn Sie tatsächlich einmal in die Verlegenheit geraten sollten, dass Ihnen der Start beim Marathon nicht mehr ausreicht, dann bleibt Ihnen ja immer noch das Unternehmen Triathlon mit seiner Königsdisziplin, dem Iron Man. Viel Erfolg und Durchhaltevermögen wünsche ich Ihnen!

59

WIE WÄRE ES MIT ... LITERATUR?

Warum versuchen Sie es nicht einfach mit einem guten Buch? Lesen bildet, wie der Volksmund weiß, und es entspannt ungemein. Die Zeit vergeht wie im Fluge, und gute Unterhaltung bietet Ihnen das Buch ebenfalls. Wäre das nicht etwas für Sie?

Es geht natürlich auch anders herum. Schreiben Sie doch einfach mal ein Buch und gehen Sie unter die Autoren. Dabei bietet sich eigentlich alles als Thema an, was Sie sich vorstellen können: Autos, Reisen, Kinder, Krimis, Liebesromane, Science-Fiction und sogar Fußball! Sie lesen richtig! Warum verarbeiten Sie also nicht einfach Ihr Trauma und schreiben ein Fußballhasserbuch, geben Tipps zu den besten Stadionwürsten oder Kneipen?

Schreiben Sie doch einen Kriminalroman, in dem es um einen Mord geht! Ehemann ersticht Ehefrau, weil Sie ihm verbietet, zum Fußball zu gehen. Ist doch ein super Thema! Sie werden gar nicht merken, wie die Zeit vergeht, und stundenlang im Schein der Schreibtischlampe oder an einem Tisch in einer hippen Latte-Macchiato-Bar über Ihrem Werk brüten.

Das Schöne an diesem Hobby ist ja, dass man es wunderbar mit anderen hier vorgeschlagenen Aktivitäten kombinieren kann. Reisebücher gehen ja beispielsweise auch immer. Ob nun ein Reiseführer im Taschenformat (war übrigens auch eines meiner ersten Bücher, an denen ich beteiligt war) oder ein Roman über Ihre Reise auf dem Jakobsweg beziehungsweise auf der deutschen Weinstraße – Reisethemen gehen immer! Gleiches gilt für Ratgeber. Schon eines der größten deutschen Fußballidole, das »Kopfballungeheuer« Horst Hrubesch, schrieb bekanntlich nebenbei Bücher! Warum sollten Sie nicht genauso geeignet für diesen Job sein wie jemand, dessen Name suggeriert, dass er zumindest sehr oft den Ball geköpft und damit sein Hirn durchgeschüttelt hat?

Davon müssen Sie nun nur noch jemanden überzeugen. Da in den meisten Fällen Verlage und Literaturagenten nicht bei Ihnen an der Haustür klingeln oder Sie anrufen werden, hilft nur eines: Klinkenputzen. Oder besser ausgedrückt: Briefe oder Mails schicken, damit der jeweilige Verleger sich selbst von Ihren Literaturnobelpreis-verdächtigen Fähigkeiten überzeugen kann und hoffentlich nicht antworten muss, dass er für Ihr Thema keinen Markt sieht. Kleiner Tipp von mir: Versuchen Sie es nicht mit einem Imbissbuden-Ranking, das wird abgelehnt.

Das Schöne, wenn man Sie nimmt: Sie haben das Buch bereits geschrieben und können vorsichtshalber schon einmal mit dem nächsten Werk beginnen. Erwarten Sie allerdings bitte nicht, dass Sie mit dem Schreiben von Büchern reich werden. Wenn Sie nicht gerade J. K. Rowling, Stephen King oder ein anderer Abonnent auf einen Platz in der *SPIEGEL*-Bestsellerliste sind, werden Sie auch weiterhin einem anderen Beruf nachgehen müssen, um sich finanziell über Wasser zu halten. Für ein nettes Zubrot reicht es allerdings schon.

Wenn Ihnen die Verlagsangebote als zu niedrig erscheinen, können Sie natürlich auch immer noch im Eigenverlag Bücher herausbringen. Ich rate jedoch davon ab. Es ist ein Haufen Arbeit, noch mehr Nerverei, und wenn Sie erst einmal gesehen haben, welche Rabatte Amazon bekommt, damit Ihr Buch dort gelistet wird, werden Ihnen die Tränen in die Augen steigen, denn nebenbei haben Sie das Ganze ja auch noch vorfinanziert und sehen nun, wie sich ein Online-Höker mit Ihrem geistigen Eigentum die Taschen voll macht. Natürlich können Sie sich einer Kooperation verschließen, aber dann verkaufen Sie halt nichts. Denn der Deutsche an sich bestellt heute seine Bücher im Internet, anstatt in eine Buchhandlung zu gehen, ein Buch zu bestellen und es zwei Tage später wieder abzuholen. Klingt sehr ernüchternd, nicht wahr? Deshalb folgen Sie meinem Rat und überlassen Sie es anderen, sich mit derartigen Ärgernissen herumzuplagen. Besser ist es!

Und wenn Sie meinen, dass dieses und all die anderen Hobbys, die ich Ihnen vorgeschlagen habe, absolut nichts für Sie sind, dann aber bestimmt die Beschäftigung auf der folgenden Seite!

60

WIE WÄRE ES MIT ... FUSSBALL?

Wie jetzt? Fußball?! Ist der Mann nicht ganz dicht? Schwadroniert den Großteil dieses Buches darüber, wie furchtbar Fußball und das Fandasein sind, rät zur Abkehr und schlägt Alternativhobbys vor, nur um schließlich doch zum Fußball zurückzukehren? Der Mann ist doch irre!

Mitnichten, lieber Leser! Wie schon eingangs geschrieben, ist der Mensch ein Gewohnheitstier. Und faul ist er in vielen Fällen noch dazu. Warum also nicht vom Fußball zum Fußball wechseln? Denn Fußball ist nicht gleich Fußball, und den Wechsel hin zu einem neuen Hobby, unter Umständen mit nicht gerade marginalem finanziellen Aufwand für Ausrüstung und andere Späße, kann man sich halt auch sparen.

Bundesligafußball ist zwar auch Fußball, aber eben nur die wortwörtliche Spitze des ganz und gar nicht wortwörtlichen Eisbergs. Der Fußball hat mehr zu bieten als die 18 Teams aus Deutschlands Eliteliga – in Deutschland und weltweit. Millionen von Menschen laufen rund um den Globus dem runden Leder oder einem Ersatzgegenstand hinterher und spielen mit Herzblut für ihren Club oder ihren Freundeskreis, für ihr Dorf oder ihre Straße. Ungezählte ehrenamtliche Helfer stehen an den Außenlinien dieser Welt und reichen Wasserflaschen oder behandeln verletzte Knie und Knöchel. Das alles fernab vom Bundesligazirkus und seinen kommerziellen Auswüchsen. Konzentrieren Sie sich also nicht nur auf die Millionarios, die eben noch das Logo auf ihrer Trikotbrust geküsst, morgen aber bereits beim ärgsten Rivalen ihres Arbeitgebers unterschrieben haben! Tauchen Sie ab in eine Welt ohne Pay-TV und Gehälter, überwinden Sie Grenzen und blicken Sie über den Tellerrand! Werden Sie selbst aktiv und seien Sie Teil des großen Ganzen! Erfahren Sie, was es heißt, sprichwörtlich Gras zu fressen oder im Staub zu liegen! Kosten Sie das süße Gefühl des Sieges aus, wenn Sie und Ihr Team die Meisterschaft oder den Pokal holen, und lernen Sie, dass ein Abstieg mit dem Bundesligaverein zwar bitter ist, jedoch nicht annähernd mit dem tiefen Gefühl der Trauer, der Demut oder der Scham mithalten kann, wenn Sie nicht nur als Zuschauer auf den Rängen stehen, sondern selbst beteiligt sind. Als Spieler, Betreuer oder Trainer. Oder sprengen Sie alle Ketten und überwinden Sie sämtliche Grenzen, um zu erfahren, wie der Fußball im Rest der Welt gelebt wird …

61

WIE WÄRE ES MIT … GROUNDHOPPING?

Ein idealer Zeitvertreib in der Sommer- und insbesondere Winterpause sowie für Menschen, die der Bundesliga den Rücken gekehrt haben, ist das sogenannte Groundhopping. Das liegt besonders daran, dass man es in jeder Liga in so ziemlich jedem Land dieser Erde – ausgenommen vielleicht Nordkorea und aktuelle Krisengebiete – betreiben kann.

Doch worum handelt es sich eigentlich bei Ihrem neuen Hobby? Groundhopping ist das Sammeln von Stadien beziehungsweise Fußballplätzen. Von heimischen Amateurplätzen über heruntergekommene Ostblockbauten und klassische Must-haves bis hin zu hypermodernen Neubauten zählt jeder Ground (englisch: Stadion), solange Sie ein paar grundlegende Regeln einhalten. Zum einen muss ein Spiel in dem von Ihnen ausgesuchten Stadion stattfinden, und zum anderen müssen Sie – je nach Auslegung der Experten – mindestens eine Halbzeit, besser noch volle 90 Minuten, dort aushalten. Da kann das Wetter noch so unangenehm und das Niveau des Dargebotenen schlimmer als bei Ihrer eigenen Tresenmannschaft sein! Zudem muss es sich um zwei offizielle Mannschaften handeln. Ein Trainingsspiel der ersten gegen die zweite Garnitur des gleichen Clubs zählt demnach nicht. Sie können es sich natürlich auch noch etwas schwerer machen. Das heißt, dass Sie den Ground zum Beispiel nur dann zählen, wenn Sie alle dort beheimateten Mannschaften gesehen haben, wenn Sie mindestens ein Getränk und einen Snack probiert haben oder den Spielball berühren konnten. Das bleibt jedoch Ihnen überlassen. Um sicher zu gehen, dass man Ihnen auch glaubt, dass Sie die vierte französische Liga komplettiert haben (also in jedem Stadion dieser Liga waren), sollten Sie vielleicht die Eintrittskarten als Beweis aufheben.

Nachdem Sie nun wissen, was zu beachten ist, geht es darum, zu planen, wie Sie vorgehen möchten. Es gibt nämlich

Dutzende Möglichkeiten, dem Groundhopping zu frönen. Der Vorteil bei dieser schier endlosen Auswahl ist, dass sie Ihr neues Hobby sehr zeitintensiv macht und Sie das Glück haben, bis ins hohe Rentenalter genügend Hoppingziele zu haben.

Sind Ihre Finanzen eher erbärmlich? Dann konzentrieren Sie sich doch als Erstes darauf, die Sportplätze und Stadien ihres Heimatortes abzuhaken. Abzuhaken übrigens im wahrsten Sinne des Wortes, denn Buchführung muss natürlich sein! Hierfür bietet sich zum Beispiel der *Groundhopping Informer* an, mit dem Sie für den Anfang erst einmal gut gerüstet sind. Nachdem Sie bei Sturm und Wind, bei Regen und Schnee und günstigen Bierpreisen die Amateurplätze Ihrer näheren Umgebung abgehoppt haben, können Sie sich dann weiter in die Welt hinauswagen.

Natürlich muss es nicht immer unterklassiger Fußball vor drei Rentnern, vier Spielerfrauen (und Ihnen) sein. In Zeiten der Billigfluglinien stehen Ihnen schließlich zumindest in Europa alle Möglichkeiten offen. Old Trafford, San Siro und Camp Nou sind da nur drei prominente Stadien aus einer nahezu endlosen Auswahl, die sich Ihnen bietet. Allein in London spielen so viele Vereine in großartigen Stadien, dass an einem verlängerten Wochenende mit ein bisschen Glück und Geschick bei der Planung gleich mehrere Haken im *Informer* gesetzt werden können. Auch ist gerade Großbritannien nicht nur für seine Fußball- und Pubkultur bekannt, sondern auch das Mutterland des Groundhopping und des legendären und exklusiven »The 92 Club«, in dem Sie erst Mitglied werden können, wenn Sie alle Stadien der

Premier League und der Football League einmal mit Ihrer Anwesenheit beehrt haben. Und vermutlich muss ich Ihnen von der Partykultur in den britischen und insbesondere nordenglischen Nächten gar nicht erst viel erzählen, um Sie für einen Besuch im Vereinigten Königreich zu begeistern. Ein weiterer Vorteil: Während sich Fußballenthusiasten in Deutschland und zahlreichen anderen Ländern auf dem Kontinent im Winter zu Tode langweilen und Selbstmordgedanken hegen, spielen die Briten durch. So ist Weihnachten mit dem Boxing Day ein ganz normaler Spieltag – leider aber auch ein großes Schaulaufen deutscher Groundhopper und damit verbunden auch nicht ganz günstig, was Ihre Anreise angeht.

Doch mindestens ebenso interessant wie das Mutterland des Fußballs, wenn nicht sogar deutlich attraktiver, sind Reisen auf dem europäischen Kontinent. Zumindest, wenn es um Atmosphäre geht, hat das Festland der Insel nämlich den Rang längst abgelaufen. Während sich dort nämlich bei horrenden Preisen fast nur noch die besser verdienende Bevölkerung einen regelmäßigen Stadionbesuch leisten kann, ohne sich hoffnungslos zu verschulden, kommt man in Polen, Tschechien, auf dem Balkan oder auch einfach nur in Belgien noch relativ günstig in den Genuss eines rassigen Derbys. Natürlich gibt es auch in Kontinentaleuropa Ausnahmen, wo Sie tief in die Tasche greifen müssen, so zum Beispiel Spanien, doch was gibt man nicht für den so lang ersehnten Ground- oder sogar Länderpunkt?

Denn natürlich werden nicht nur Stadien gezählt, sondern auch Länder. Grundsätzlich gilt dabei: je weiter entfernt und je schwieriger zu machen, desto wertvoller. Zwar nicht in der Punkteliste Ihres *Informers*, doch zumindest, was die Anerkennung unter den Kollegen angeht, denen Sie früher oder später zwangsläufig begegnen werden. Während das zweifelsohne imposante Olympiastadion in Rom oder das Stade de France in Paris vermutlich nur ein abfälliges »Hat doch schon jeder« hervorrufen werden, wird der neue Ground in Pristina oder Bethlehem schon eher Anerkennung hervorrufen. Im Allgemeinen werden Sie allerdings auch selbst feststellen, dass Sie ein Besuch im Wiener Praterstadion verbunden mit einem Abstecher ins benachbarte Bratislava vor geringere Probleme stellen wird als eine zweiwöchige Zugtour durch Ungarn, Serbien und Bulgarien, und dass Sie bei einem Derby in Krakau oder Athen vorsichtiger zu Werke gehen müssen als bei einem Spiel von Real Madrid im Santiago Bernabeu. Aber darin, glauben Sie mir, liegt der Reiz des Groundhoppings. Einfach kann schließlich jeder!

Wem die Hassduelle in Griechenland und der Türkei nicht mehr ausreichen, wer sich an den Pyroshows im Belgrader Marakana schon kennt und wem auch ein Besuch auf der Krim trotz Reisewarnung des Auswärtigen Amtes nicht genug Nervenkitzel bereitet, der muss den Blick nach vorne richten. Gemeint ist damit der Sprung auf einen anderen Kontinent. Vorderasien bietet sich da als Erstes an, denn auch wenn die Staaten zum Teil bereits auf einem anderen Erdteil liegen, so müssen natürlich auch die UEFA-Mitgliedsverbände »weggescheppert« werden (wie es im Hopper-Jargon heißt), und mit Sicherheit sind Reisen nach Armenien, Aserbaidschan und Kasachstan gute Ausgangspunkte, um gleich einmal zu checken, ob nicht auch im Iran, in Usbekistan oder Kirgisistan Grounds machbar sind. Schließlich sind Sie sowieso schon auf dieser Ecke. Allerdings sollten Sie sich auch im Klaren darüber sein, dass das Hoppen hier wirklich wehtut. Hygienebedingungen, die nicht im Entferntesten an westliche Standards heranreichen, eine mit Vorsicht zu genießende Unterwelt und Polizeibeamte, die gern einmal die Hand aufhalten, kamen schon in einigen Reiseberichten deutscher Groundhopper vor. Das alles ignoriert man zwar gern, wenn denn der ersehnte Länderpunkt eingefahren werden kann, doch auch das ist immer so eine Sache, denn gefühlt nimmt die Verlässlichkeit der vorher bekannt gegebenen Spielansetzungen mit steigender Entfernung eher ab denn zu. Unvergessen bleibt mir ein Reisebericht aus Pakistan, wo das angepeilte Spiel in Karatschi am Spieltag abgesagt wurde.

Andererseits liegt südlich von Europa ein Kontinent, der noch mit relativ geringem Aufwand besucht werden kann, fliegen doch zahlreiche europäische Fluggesellschaften zu günstigen Konditionen die Maghreb-Staaten an, wo sich, lange Zeit unbemerkt, eine fanatische Anhängerschaft in den Stadien zum Wettstreit einfindet. Der Vorteil ist eindeutig, auch hierhin kommt man mit etwas Glück und Geschick beim Buchen relativ zeit- und kostengünstig, und die Infrastruktur in diesen Ländern ist dank des Tourismus vergleichsweise gut. Nicht umsonst tingelten vor ein paar Jahren zahlreiche Hopper zur Klub-Weltmeisterschaft nach Marokko. Neben ihnen waren auch Vertreter einer Spezies

Fan dabei, die man im Allgemeinen Barra Bravas nennt und die von einem Kontinent kommen, der seit einigen Jahren zum Hotspot für Groundhopper avanciert ist: Südamerika.

Wenn Sie einmal einen Groundhopper erzählen hören, der geraume Zeit in Südamerika verbracht hat, so werden Sie schnell feststellen, dass dieser Geselle ein Leuchten in den Augen bekommt, wenn er von seinem Leben dort spricht, und dass er aus den Superlativen gar nicht mehr herauskommt, wenn er Ihnen von der Stimmung dort berichtet. Sie mögen jetzt vielleicht an das fußballverrückte Brasilien denken, das berühmte Maracanã-Stadion und Samba tanzende Menschen, die Mannschaften mit wohlklingenden Namen wie Flamengo Rio de Janeiro oder Corinthians São Paulo anfeuern. Doch das Mekka der Groundhopper ist Argentinien und hier insbesondere Buenos Aires. Nahezu jeden Tag scheint sich das Leben hier um den Fußball zu drehen. Fast jeden Tag kann der Groundhopper mit genügend Zeit und Reisekasse hier andere Mannschaften spielen und ihre Fans kollektiv ausrasten sehen. Und damit ist nicht nur gemeint, dass die Kurven vor Stimmung überkochen, sondern leider auch die allgegenwärtige Gewalt, wenn Teams wie Boca Juniors und River Plate aufeinandertreffen. Doch genau diese eher weniger für den Familienbesuch geeigneten Partien, die meist noch in ziemlich heruntergekommenen Gegenden stattfinden, lassen das Herz des Hoppers höherschlagen. Dazu lässt es sich in Südamerika hervorragend zu humanen Preisen reisen, sodass man nebenbei noch landschaftliche und kulturelle Höhepunkte mitnehmen kann und auch Fußballtouren in andere Staaten relativ einfach zu bewerkstelligen sind. Das Derby der chilenischen Hauptstadt Santiago oder der Clásico in Urugay sind Spiele, die nicht jeder gesehen hat und die für stimmungsvolle Atmosphäre stehen.

Wen es noch weiter weg zieht, der wird froh sein, dass sich auch in Fernost eine lebendige Fankultur findet. Südkorea und Japan warten mit farbenfrohen und bestens organisierten Fankurven auf, während in Indonesien besonders fanatisch die eigene Mannschaft zelebriert wird. Selbst in Thailand findet man Fanszenen, wenngleich dort die meisten Menschen entweder Liverpool FC oder Manchester United die Daumen zu drücken scheinen.

Sie sehen, als Groundhopper steht Ihnen die Welt offen! Es gibt kaum ein Land, in dem nicht dem Kampf um das runde Leder gefrönt wird, wenn auch in einigen Ländern nicht ganz so enthusiastisch wie hier. Doch selbst in den Vereinigten Staaten von Amerika und Australien scheint das Fußballvirus und damit verbunden eine ernst zu nehmende Fankultur mehr und mehr Fuß zu fassen. Sie müssen also keine Sorge haben, dass Ihnen die Ziele ausgehen. Und wenn Sie meinen, dass Sie wirklich schon alles gesehen haben und Sie nichts mehr schocken kann, dann versuchen Sie doch einfach mal die Karibikstaaten zu komplettieren oder in Zentralafrika zu hoppen, den Länderpunkt Irak einzutüten oder sich des Vorschlags aus dem Folgekapitel anzunehmen. Nicht allerdings, ehe Sie Ihre Reiseerlebnis aufgeschrieben und mit vielen eindrucksvollen Bildern in Ihrem Blog (siehe weiter vorn) veröffentlicht zu haben!

62

WIE WÄRE ES MIT ...
JUGENDFUSSBALL?

Den Kindern gehört die Zukunft! Und wenn Ihre Generation dem Nachwuchs schon die existenzielle und ökologische Zukunft verbaut, dann seien Sie doch wenigstens so gut und bescheren Sie den lieben Kleinen eine unbeschwerte Kindheit im Zeichen des Traumes, Nationalspieler zu werden und das entscheidende Tor bei der Weltmeisterschaft zu erzielen!

Jetzt aber mal im Ernst: Der Fußball ist auf Nachwuchs angewiesen. Selbst Verantwortliche von Bundesligaclubs werden dieser These zustimmen, auch wenn viele Vereine die Nachwuchsarbeit eher stiefmütterlich behandeln, ja teilweise sogar sträflich vernachlässigen. Nur durch motivierte Nachwuchsfußballer wird König Fußball weiterleben, und das beginnt heutzutage nicht in der F-Jugend, sondern sogar schon davor. Neben engagierten Trainern beschäftigen sich Abertausende von Freiwilligen mit der Betreuung von Fußball-Kids. Warum also nicht auch Sie?! Fragen Sie doch einfach mal bei Ihrem ansässigen Sportverein nach, ob dieser ehrenamtliche Betreuer benötigt. Ich gehe jede Wette ein, dass man in 99 Prozent aller Vereine dankbar für Ihre Initiative sein wird, denn das Ehrenamt ist eine brotlose oder vielmehr selbstlose Kunst. Es gibt keine Vergütung oder Aufwandsentschädigung, stattdessen aber Helikoptereltern und missratene Blagen, die sich für die Reinkarnation von

Pelé (oder Messi) halten und Ihnen in ihrer blasierten Art auf den Geist gehen.

Natürlich ist diese Beschreibung sehr überspitzt. Die meisten Kinder sind dankbar für die Betreuung und freuen sich über Menschen, die ihnen helfen, ihre Fähigkeiten mit dem Ball und ohne zu steigern. Durch die Bank weg haben Sie es mit Idealisten zu tun, denen Sportsgeist über alles geht und die hoch hinaus wollen. Natürlich wird auch irgendein Vater am Spielfeldrand stehen und seinen Nachwuchs ständig »anspornen«, will heißen, dass er das Kind in den Wahnsinn treibt und Sie nicht zu lange warten sollten, bis Sie intervenieren, weil Sie ansonsten ein hoffnungsvolles Talent verlieren, das sich zukünftig einem Hobby widmet, das den Vater nicht interessiert (Ahnung muss er auch nicht unbedingt vom Fußball haben). Selbstredend werden auch die eben erwähnten Helikoptereltern am Spielfeldrand stehen und nahezu kollabieren, wenn Sohn oder Tochter in einem Zweikampf mal etwas härter vom Ball getrennt wird und sich das Knie auf dem neuen Kunstrasen aufschrammt. Früher gab es das ja nicht, aber heute müssen Sie damit umgehen können und dafür Sorge tragen, dass das Kind dadurch nicht verweichlicht und deshalb in der Schule immer von den Mitschülern gehänselt wird. Außerdem müssen Sie natürlich aufpassen, dass sich wegen des Fouls an der Seitenlinie kein Streit entwickelt, denn die übermäßige Fürsorge auf der einen Seite sorgt für Häme auf der anderen, insbesondere bei dem weiter oben beschriebenen Motivationstalent und bei dem »Hau ihn um!«-Vater. Der ist eine weitere Spezies von Erziehungsberechtigten, der Sie auf dem Fußballplatz begegnen. Er hat früher selbst Fußball gespielt, und zwar »ohne Schuhe und mit 'ner Betonkugel, hömma«. Deshalb ist er der Ansicht, dass gelobt sei, was hart macht, und dass sich die Jugend nicht so anstellen soll, auch wenn sie erst sechs Jahre alt ist. Dementsprechend sieht der »Hau ihn um«-Vater nach Fouls schreiende Kinder als Weicheier an, denen die richtige Erziehung fehlt. Das gilt natürlich nicht, wenn sein eigener Spross umgeholzt wurde. Dann wird Papa ganz schnell ganz humorlos und hat sich nicht mehr im Zaum, was dazu führen kann, dass er sich mit anderen Eltern anlegt, Kraftausdrücke gebraucht und gegebenenfalls sogar auf das Spielfeld sprintet, um den unfairen Spieler zur Rede zu stellen.

Nichtsdestotrotz ist das Amt eines Trainers oder Betreuers im Jugendfußball natürlich eine schöne und verantwortungsvolle Aufgabe. Neben der Lösung zugegebenermaßen nicht ganz ernst gemeinter Konfliktsituationen am und auf dem Feld haben Sie die Möglichkeit, junge Menschen zu fördern und zu fordern, sie zu trainieren und sie für ihren Weg an die Weltspitze, zumindest aber in das Erwachsenenleben, vorzubereiten und zu formen. Außerdem gibt es in Sportvereinen selbst für die Betreuer der Jugend ein paar gesellige Runden mit Bier und Kurzen, die meist erst dann richtig lustig werden, wenn die Mannschaft bereits im Bett ist und regelmäßig im Morgengrauen enden. Abgesehen davon stehen alleinerziehende Eltern auf alleinstehende Betreuer und Betreuerinnen, die gut mit Kindern können ...

63

WIE WÄRE ES MIT ...
EINER AKTIVEN KARRIERE?

Nicht jeder ist zum Jugendtrainer geboren. Die renitenten Gören können einen schließlich in den Wahnsinn treiben, von den nervenden Eltern einmal ganz zu schweigen. Und mit Bierchen nach dem Training sieht es auch eher mau aus – Vorbildfunktion und so. Zum Glück gibt es aber ja auch noch die Möglichkeit, selbst gegen den Ball zu treten. Unter Gleichaltrigen. Auf Grand. So richtig bodenständig!

Amateurfußball, das ist ein Phänomen, um welches sich Legenden ranken. Nicht umsonst gibt es die obskursten Internetportale, Blogs und Facebook-Gruppen, wie zum Beispiel Hartplatzhelden (Wer erinnert sich nicht an den peinlichen Rechtsstreit mit dem DFB, weil dieser sich in seinen Rechten beschnitten sah, obwohl er eigentlich froh sein müsste, dass es Medien gibt, die den Amateurfußball pushen ...), Fussifreunde oder »Kreisliga – das Bier gewinnt«? Der Amateurfußball ist das Biotop, in dem die Helden des kleinen Mannes entstehen, wo es kuriose Geschichten und Ergebnisse zu bestaunen gibt, wo die Spieler noch aus Idealismus kicken und Schwalbenkönige verpönt sind. Auf Grand (beziehungsweise Asche) oder zerfurchtem Grün geht es oft mehr als rustikal zur Sache, fliegen die Fetzen, riecht es nach Bier, Grillwurst und Männerschweiß. Hier findet man sie noch, die Bundestrainer in den Siebzigern, in dunkelbrauner Cordhose, beigefarbener Jacke und mit Pepita-Hut. Mit Bier oder Kaffee und mit einer bestialisch stinkenden Zigarre sitzen sie am Spielfeldrand und kommentieren lautstark das Geschehen, sommers wie winters, und nach dem Spiel sitzen sie am Stammtisch im Vereinsheim und benoten die Spieler.

Apropos Spieler: Sicher, es ist kein Vergnügen, sich in einem miefigen Container aus den 1970er-Jahren umziehen zu müssen, wo das Wasser aus der Dusche so kalt ist wie direkt aus einer Quelle in den Schweizer Alpen, aber nicht ansatzweise so sauber. Doch der Amateurspieler erträgt derlei Nichtigkeiten mit stoischer Ruhe. Stolz trägt er das Jersey seines Vereines, für den er oftmals schon als Kind die Stiefel geschnürt hat. Seine Mannschaft ist für ihn wie eine Ersatzfamilie und die Ausfahrt nach Mallorca, an den Ballermann, der Höhepunkt des Fußballjahres.

Nun ja, fast. Zuallererst ist der Amateurfußball eben doch ein Hobby und gleichzeitig natürlich ein gesunder Zeitvertreib, bei dem es aber nicht nur um Spaß geht, sondern um Punkte. Der Erfolg steht für die überwiegende Mehrheit der Spieler im Mittelpunkt, und dafür trainieren sie hart. An den Wochenenden gibt es schon mal von übereifrigen Gegnern auf die Knochen, und am nächsten Morgen schmerzen die Gelenke. Doch das alles ist es wert! Hier wird ehrlicher Fußball mit zumeist überaus geringen finanziellen Mitteln geboten. Physiotherapeuten und Zeugwarte können die wenigsten Klubs auf unterstem Liganiveau vorweisen, die Sportplätze sind meist in zweifelhaftem Zustand, und dank der stiefmütterlichen Behandlung durch den Verband (es ist eben kein Geld zu verdienen) hält sich das Zuschauer-

> MAN KANN EINEN MENSCHEN NICHTS LEHREN. MAN KANN IHM NUR HELFEN, ES IN SICH SELBST ZU FINDEN.

interesse auch in Grenzen. Leider sogar mehr und mehr, wie ich selbst in den vergangenen 15 Jahren feststellen musste. Wer Amateurfußball spielt, ist also Teil einer Schicksalsgemeinschaft, die von den Widrigkeiten zusammengeschweißt wurde. Nicht nur auf dem Platz stellt man eine Einheit dar, nein, auch abseits des grünen Rasens bzw. der roten Asche ist man eine Gemeinschaft. Das beginnt mit dem Bier nach dem Spiel und endet noch längst nicht mit der Club-Tour am Wochenende. Sie können sich also freuen, denn mit Fußballmannschaften verhält es sich nicht großartig anders als mit Fußball-Fanclubs. Gut, Amateurfußballer haben leider im Allgemeinen eine deutlich höhere Schlager-Affinität als der gemeine Fußballfan, aber irgendwo müssen Sie eben Abstriche machen. Nichtsdestotrotz bleibt es dabei, dass eine Karriere als Amateurspieler eindeutig zu den besseren Alternativhobbys gehört, wenn man vorher regelmäßiger Stadiongänger war. Vor allem dann, wenn Sie noch nicht allzu gebrechlich sind, denn anders als im Profifußball endet die Fußballerkarriere in den unteren Ligen nicht zwingend schon mit Anfang 30. Fast möchte ich behaupten, sie fängt erst richtig an, denn auf die aktive Zeit in der ersten, zweiten oder dritten Herren folgt hier noch das Engagement für Alte Herren, Senioren und Supersenioren, wenn Ihre Knochen das denn mitmachen. Aber da besteht ja eigentlich keine Abnutzungsgefahr, wenn Sie Ihr bisheriges Leben auf den Stehtraversen deutscher Bundesligastadien vergeudet haben.

Selbst wenn Sie ein Engagement als Vereinsspieler nicht mehr in Betracht ziehen möchten, so steht ein bisschen

Aktivität zur Ablenkung im fußballlosen Leben nichts im Wege. Vielerorts gibt es Freizeit- beziehungsweise Tresenmannschaften, die sogar in eigenen Ligen gegeneinander antreten. Bereits die Namen dieser illustren Gemeinschaften (Barsenal, Sportfreunde der 3. Halbzeit und so weiter) signalisieren: Hier geht es ums Bier, aber eben nicht bierernst zu, der Spaß am Spiel steht im Vordergrund, und der regelmäßige Trainingsbesuch muss nicht unbedingt ein zwingendes Kriterium sein, um am Wochenende auch spielen zu dürfen. Praktischerweise müssen Sie auch nicht auf die Jahresfahrt zu Deutschlands Amateurfußballer-Mekka verzichten. Ausgedehnte Saisonabschlusstouren sind auch unter Hobbykickern weit verbreitet.

Nun mag es natürlich sein, dass Sie vielleicht doch schon etwas zu alt für 90 Minuten Auf und Ab, Hin und Her und Grätschen auf Kopfhöhe sind oder an dem einen oder anderen körperlichen Wehwehchen leiden. In diesem Fall bleibt ihnen natürlich noch, wie schon im vorherigen Kapitel angeschnitten, der Posten des Trainers oder Betreuers. Ersteres allerdings sollten Sie nur auf sich nehmen, wenn Sie über Erfahrung als Spieler und somit profunde Kenntnisse im Bereich Taktik und Spielphilosophie verfügen und möglichst auch noch eine Trainerlizenz Ihr Eigen nennen können.

Im Vergleich zur Arbeit mit Jugendlichen ergeben sich in der Arbeit mit Amateurspielern Vor- und Nachteile. Während Sie mit an Sicherheit grenzender Wahrscheinlichkeit das Elternproblem getrost vergessen können und auch die Geselligkeit nach dem Spiel nicht zu kurz kommen wird, haben Sie andere Herausforderungen zu meistern. Zum einen sollten Sie neben Einfühlungsvermögen für die Probleme junger Erwachsener genügend Autorität besitzen, um auch Heißsporne und alte Hasen in ihre Schranken zu weisen, die der felsenfesten Überzeugung sind, dass ihnen eh keiner das Wasser reichen kann. Zum anderen sollten Sie nicht zimperlich sein, was derbe Sprüche in der Kabine, grenzwertigen Humor im Mannschaftsgefüge und während Auswärtsfahrten sowie die Ausdünstungen erwachsener Menschen angeht, die über mindestens 90 Minuten wie die Tiere geschwitzt haben. Der Geruch gebrauchter Sportkleidung stellt nämlich noch heute eine nicht zu unterschätzende Herausforderung dar – insbesondere dann, wenn Sie bei einem Verein als Zeugwart anheuern und somit die Aufgabe haben, die getragenen Kleidungsstücke für ihren nächsten Einsatz fit zu machen, sprich zu waschen. Immerhin werden Ihnen allerdings dafür der Dank und die Anerkennung der Mannschaft gewiss sein. Es soll ja auch bereits gute Seelen des Vereins gegeben haben, denen man im wahrsten Sinne des Wortes ein Denkmal gesetzt hat!

Sollten Sie trotz all dieser guten Argumente der Meinung sein, dass Ihnen Fußball als aktiver Sportler weit weniger zusagt als die passive Variante, so bleibt Ihnen immer noch der Kauf einer Videospielkonsole samt Fußball-Game. Statt Fahrten nach Mallorca und Discoabenden mit den Mannschaftskameraden werden Sie dann allerdings am Wochenende allein vor der Daddelmaschine sitzen und im schlimmsten Fall in einer stickigen Turnhalle mit pickelgesichtigen Pubertierenden um virtuelle Meisterschaften kämpfen. Und das wird ja wohl hoffentlich nicht Ihr erklärtes Ziel sein!

64

WIE WÄRE ES MIT … EINER KARRIERE ALS SCHIEDSRICHTER?

Zugegeben, das klingt jetzt zuerst einmal nicht wirklich attraktiv. Zu häufig lesen wir doch in der Zeitung von Schlägereien auf dem Spielfeld, Spielabbrüchen und Tätlichkeiten gegen den Unparteiischen. Und leider kommen die krassesten Fehlleistungen testosterongesteuerter Spieler und sogar Betreuer und Zuschauer in den unteren Ligen statt. Das kommt leider so häufig vor, dass ein Schiedsrichter aus Hamburg ein ganzes Buch mit seinen negativen Wochenend-Erlebnissen füllen konnte. Es ist daher auch kein Wunder, dass sich nur die wenigsten Fußballfreunde für das Amt des Schiedsrichters begeistern können. Denn wenn man schon nicht bedroht, bespuckt oder geschlagen wird, so ist man doch zumindest in unschöner Regelmäßigkeit Ziel von Provokationen und Pöbeleien unter der Gürtellinie, mindestens aber ein notwendiges Übel, um den Spielbetrieb zu gewährleisten.

Nichtsdestotrotz oder gerade deshalb ist der Mann in Schwarz (oder seit einigen Jahren auch Rot, Gelb, Grün und Blau) einer der wichtigsten Akteure auf dem Feld und umso ehrfurchtsvoller (oder zumindest respektvoll) sollte man mit ihm umgehen. Denn er ist es, der den wohl unangenehmsten Part spielt, wenn es auf dem Spielfeld zur Sache geht. Allein oder zu dritt im Gespann muss er Entscheidungen treffen, die immer einer Partei missfallen. Er muss übermotivierte Innenverteidiger genauso ausbremsen wie verschlagene Mittelstürmer. Ihm obliegt es, an der Linie für Ruhe und Ordnung zu sorgen und immer einen kühlen Kopf zu bewahren, selbst in der hitzigsten Situation und unter dem Eindruck dauerpöbelnder Anhänger, bei denen der Gesang »Schiri, wir wissen wo dein Auto stand. Hat gut gebrannt, hat gut gebrannt« noch zum Freundlichsten gehört, was das Füllhorn an Beleidigungen und verunsichernden Sprüchen hergibt. Er muss innerhalb von Sekundenbruchteilen die richtige Entscheidung fällen und kann sich auf etwas gefasst machen, wenn ihm ein Fehler unterläuft. Über Bierduschen, die auf den Schirmen der Security-Mitarbeiter im Bundesligastadion landen, wenn der Schiedsrichter den Platz verlässt, kann der Unparteiische in der Kreisliga nur verständnislos den Kopf schütteln und erinnert sich gleichzeitig daran, wie er unter Polizeischutz den Sportplatz verlassen musste, als er beim Derby FC Hintertupfingen – SV Vordertupfingen den Gästen vollkommen zu Recht in der letzten Minute einen Elfmeter zugesprochen hat.

Und deshalb brauchen wir mehr von diesen Männern und Frauen, die stets als Sündenbock herhalten müssen, wenn sich die Spieler der Verlierer-Mannschaft die eigene Unfähigkeit nicht eingestehen wollen! Geben Sie sich also einen Ruck, und treten Sie ein in einen Verein! Sie werden gebraucht! Denn Schiedsrichter sind – wie bereits erwähnt – knapp, und Fußballclubs, die keinen Schiedsrichter für den Spielbetrieb stellen, werden vom Verband mit Strafen bedacht. Außerdem haben Sie es als Schiedsrichter deutlich leichter, zum heimlichen Star auf dem Feld zu werden. Wer neben gesunder Autorität, Fairness und Integrität auch noch ein wenig Humor erkennen lässt oder einen anderen Weg findet, den Zuschauern und Spielern in guter Erinnerung zu bleiben, dem sind Ruhm und Anerkennung gewiss. Glauben Sie nicht? Dann fragen Sie doch mal Pierluigi »Kojak« Collina!

Anmerkung

Wenn Sie bis hierhin gelesen haben, sollten Sie genügend Anregungen bekommen haben, um die Sommer- und Winterpause zu überbrücken oder sich komplett vom Bundesligafußball zu lösen. Im einen oder anderen Kapitel werden Sie einen Hauch von Ironie festgestellt haben. Wiederum gibt es jedoch auch Kapitel, die tatsächlich ernst gemeint sind. Ernst wird es auch im folgenden, wenn ich Ihnen vorschlage, wie Sie als Fan, der dem Geschäft Bundesliga abgeschworen hat, den Fußball aber nicht aufgeben möchte und Idealvorstellungen hat, eine Alternative finden. Eine Alternative, die Herzblut, Engagement und einen langen Atem verlangt. Vor allem benötigen Sie allerdings Mitstreiter, die denselben Idealismus an den Tag legen und keine Angst vor Neuland haben.

65

WIE SIE EINEN VEREIN GRÜNDEN

Wenn man einen Engländer fragt, was typisch deutsch sei, dann wird er neben den typischen Stereotypen wie Sauerkraut, Bratwurst, Autobahnen und Pünktlichkeit auch mit hoher Wahrscheinlichkeit das Vereinswesen nennen. Nichts ist deutscher, als sich zu organisieren und einen Verein zu gründen. Vereine gibt es in Deutschland wie Sand am Meer, Fußballvereine im Besonderen. Nicht umsonst ist der Deutsche Fußball-Bund der größte Mitgliedsverband der FIFA (tut aber bei Themen, wo man eigentlich schon aus dem Gewissen heraus opponieren müsste, immer so, als sei er in etwa so wichtig wie der Verband von Andorra, aber das ist eine andere Geschichte).

Jetzt fragen Sie sich natürlich vollkommen berechtigt, warum Sie einen eigenen Verein gründen sollen, wenn es in Deutschland doch schon so viele davon gibt, dass man mit den Gründungsurkunden die Elbe zukippen könnte. Ganz einfach: In vielen Vereinen herrschen die Alteingesessenen. Und die legen eine erstaunliche Vehemenz und zum Teil auch Penetranz an den Tag, wenn ein neuer Spieler das Feld (dieses Mal nicht der grüne Rasen) betritt und womöglich auch noch Neuerungen einführen, Reformen herbeiführen und den ganzen Laden auf links krempeln will. Und es muss ja nicht einmal jemand ohne Stallgeruch sein, es kann auch einfach jemand sein, der seit Jahren die Knochen auf dem Spielfeld hingehalten hat und sich nach seiner Sportinvalidität nun mit Know-how seines Vereines annehmen will.

»Das haben wir schon immer so gemacht« ist eine der gängigen Floskeln, wenn so etwas passiert, und so sinnentleert sie meist ist, so ist sie doch noch die harmloseste Reaktion derer, die bereits seit gefühlten Generationen im Vorstand oder Präsidium sitzen. Das ist natürlich ziemlich unschön und enervierend, doch irgendwie auch absehbar. Viel anstrengender sind aber die Obmänner oder Vorsitzenden von Abteilungen des Vereins, die es zwar schon seit kurz nach der Gründung des Vereins gibt (so um die Wende des 19. zum 20. Jahrhundert etwa), die heute allerdings nur noch eine marginale Rolle spielen – freundlich ausgedrückt. Leider sind diese Leute nur allzu oft bestens miteinander vernetzt und führen ein Regiment, über dessen Strategie in dunklen Hinterzimmern befunden wird. Man hält sich gegenseitig aus reinem Machterhaltungstrieb und Kalkül den Rücken frei und sichert sich die Pöstchen, die so anfallen. Das ist natürlich ärgerlich und verkommt spätestens auf Jahreshauptversammlungen regelmäßig zum Schmierentheater, wenn es nicht sowieso schon die Atmosphäre im Verein vergiftet.

Die Lösung hierfür ist die Gründung Ihres eigenen Fußballclubs, denn so haben Sie die Möglichkeit, Mauscheleien und Intransparenz von vornherein zu begegnen, indem Sie diese Ärgernisse per Satzung weitestgehend ausschließen. Doch wie macht man das eigentlich, einen Verein gründen? Dies soll auf den folgenden Seiten nun erörtert werden. Natürlich ohne den Anspruch auf Vollständigkeit oder darauf, hier den Königsweg aufzeigen zu wollen. Falls es Ihnen zu anstrengend ist, einen eigenen Verein zu gründen und die ganze Arbeit selbst zu machen, blättern Sie bitte vor bis zum nächsten Kapitel. Wenn Sie Idealist sind, besessen von der Idee, etwas Neues zu schaffen, das einen Gegenentwurf zum modernen Fußball und all den Macht- und Geldspielchen darstellt, konzentrieren Sie sich bitte!

An allererster Stelle sollten Sie eine Gruppe wild entschlossener Gleichgesinnter um sich wissen, die ebenfalls darauf brennen, etwas Eigenes zu schaffen. Allein einen Club zu gründen ist zum einen wenig Erfolg versprechend, zum anderen werden Sie schnell an die Grenzen Ihrer Kräfte gelangen. Ferner wird es allein recht langweilig in Ihrem Club, und zudem MÜSSEN Sie mehrere Personen sein, um überhaupt einen Verein gründen zu können. Das liegt allein schon darin begründet, dass Sie bei der Anmeldung beim Finanzamt und im Vereinsregister einen vorläufigen Vorstand beziehungsweise ein vorläufiges Präsidium benennen müssen.

Es bietet sich an, dass Sie für die Vereinsgründung unter Ihren Mitstreitern eine Umlage starten, denn einen Verein zu gründen, ist mit finanziellem Aufwand verbunden. Der Eintrag ins Vereinsregister, die Anmietung einer Lokalität für die Gründungsversammlung und so weiter und so fort. Jeden Tag wird eine neue Baustelle auftauchen, die gegebenenfalls auch mit dem Ausgeben von Geld verbunden ist.

Um Ihren Verein allerdings zu gründen und eintragen zu lassen, benötigen Sie zuallererst einmal eine Satzung. Hier bietet es sich an, wenn Sie das Rad nicht neu erfinden, also eine eigene Satzung erstellen wollen, sondern sich eine Satzung aus bereits bestehenden Vereinsordnungen zusammenbasteln. Die finden Sie im Normalfall im Internet. Sollten Sie Jurist mit dem Spezialgebiet Vereinsrecht sein und sonst keine vernünftigen Hobbys haben, können Sie aber natürlich gern auch selbst zur Tat schreiten. In jedem Fall werden Sie allerdings noch einmal Rücksprache mit einem Anwalt für Vereinsrecht und mit einem Steuerberater halten müssen, womit zwei weitere Posten auf Sie zukommen, die mit Ausgaben verbunden sind, denn eine Satzung kann so gut gemeint und perfekt sein, was die soziale Verantwortung Ihres neu gegründeten Vereines angeht. Wenn sie nicht einige Standards enthält, die die Mitgliedschaft und die Gremien des Vereins sowie die Gemeinnützigkeit betreffen, ist der Traum von der Gründung schnell ausgeträumt. Auch das Registergericht, also Vater Staat, hält noch einmal fröhlich die Hand auf.

Damit es nicht bei einem ein- oder zweistelligen Kreis von Mitgliedern bleibt, müssen Sie die Vereinsgründung kommunizieren und das Interesse der Öffentlichkeit auf sich lenken. Hier ist es von Vorteil, wenn Sie Ihren Verein aus einem bestimmten Grund gründen, nämlich der Abkehr vom Fußballgeschäft, hin zum Idealismus des Amateurfußballs. Ihre Ideale und Entscheidungen kommunizieren Sie dann am Anfang in sozialen Netzwerken wie Facebook oder Twitter. Vergessen Sie nicht, sich außerdem eine oder gleich mehrere Website-Adressen zu sichern, um später eine eigene Website ohne großartigen Hickhack und weitere finanzielle Belastungen entwickeln und live schalten zu können!

Über die sozialen Netzwerke kündigen Sie auch die Gründungsversammlung an. Gründungsversammlung? Richtig! Sie möchten ja schließlich wissen, mit wem Sie es zu tun haben, und abgesehen davon werden nur die wenigsten Fußballenthusiasten Mitglied in einem Verein werden, von dem sie so gut wie gar nichts wissen. Deshalb die Gründerversammlung, zu der Sie über Ihre Facebook-Seite einladen, um einen ungefähren Überblick zu erhalten, mit wie vielen Teilnehmern Sie eigentlich zu rechnen haben. Danach machen Sie sich auf die Suche nach einem geeigneten Ort.

Gleichzeitig sollten Sie sich mit Ihren Mitstreitern ein Programm für Ihre Gründungsversammlung ausdenken und vor allem alle notwendigen Informationen aufschreiben, die Sie den interessierten potenziellen Mitgliedern geben möchten. Hier gilt der Grundsatz »Viel hilft viel«. Wer sich nämlich nicht in die Karten schauen lässt, der gerät schnell in den Verdacht, es wie »die da oben« aus den Bundesligaclubs zu machen und Transparenz allerhöchstens als notwendiges Übel anzusehen. Legen Sie also alle Informationen offen, denn das erspart unangenehme Nachfragen, die eine solche Veranstaltung nur unnötig in die Länge ziehen. Und das ist der Stimmung wenig zuträglich, da Teilnehmer an Versammlungen sich meist nach einer bestimmten Zeit nicht mehr konzentrieren können.

Machen Sie sich auch Gedanken darüber, was Sie alles vorgeben möchten und was nicht. Natürlich wird es Stimmen geben, die Sie gleich als Alleinherrscher brandmarken werden, wenn Sie den Vereinsnamen, die Vereinsfarben und das Wappen bereits festgelegt haben, andererseits wollen Sie auch vorankommen, und mit mehreren Hundert Personen können Sie einfach kein Vereinswappen abstimmen. Ich darf Ihnen aus Erfahrung sagen, dass es bereits mit 22 Personen schwierig wird, ein Ergebnis zu erzielen, denn schließlich hat jeder eine eigene Meinung dazu, ob das Logo rund oder eckig aussehen soll, in Schildform oder als Oval die meiste Aufmerksamkeit erregt und ob das Tier in der Mitte nach links oder rechts schaut. Weitere Streitpunkte drehen sich darum, wie das eventuelle Wappentier überhaupt aussehen soll, ob im Wappen Schrift verwendet wird oder nicht, und wenn ja, welche Schriftart benutzt wird und ob sie horizontal oder schräg durch das Wappen verläuft, und überhaupt! Dutzende Vorschläge werden Ihnen die kreativen Köpfe aus der Gründungsgruppe präsentieren, in den unterschiedlichsten Varianten. Sie werden stundenlang debattieren, was nun besser aussieht and was zu wem passt. Am Ende werfen Sie alles über den Haufen und nehmen eine Kombination aus zwei oder mehreren Wappen und sind mit den Nerven am Ende. Viele Köche verderben in diesem Fall zwar nicht den Brei, machen seine Zubereitung allerdings ziemlich schwer, da Sie unfassbar viel Zeit auf Stildiskussionen verwenden. Und wenn Sie damit fertig sind, muss ja auch noch über die Spielkleidung befunden werden, das Ganze beginnt also von vorn. Muster, Kragenschnitt, geknöpft oder mit Bändern, kurz- oder langärmelig. Das wollen Sie einfach nicht auf einer Mitglieder- oder Gründerversammlung diskutieren und können Sie auch nicht, denn im Normalfall wird die Location am nächsten Tag wieder für die nächste Veranstaltung gebraucht. Abgesehen davon müssen Logo und Spielkleidung auch in Ihrer Mustersatzung auftauchen, die Sie auf der Gründerversammlung präsentieren wollen.

Zeitgleich zu diesen nicht gerade marginalen organisatorischen Dingen sollten Sie sich Gedanken über Ihre Postadresse machen. Es ist unwahrscheinlich, dass Sie bereits über ein Sportgelände mit Vereinsheim und Geschäftsstelle verfügen, weshalb sich einer Ihrer Mitstreiter bereit erklären muss, das Schild Ihres neuen Vereins bei sich an den Briefkasten zu kleben. Insbesondere in Großstädten wie Hamburg sollte man dabei kalkulieren, wer dafür am ehesten infrage kommt. Wenn es Ihnen egal ist, in welcher Liga oder Staffel Sie spielen und wo Ihnen der Trainings- und Spielort zugewiesen wird, dann können Sie natürlich gern auslosen, wer demnächst den Briefkasten mit Werbegeschenken vollgemüllt bekommt; haben Sie allerdings Präferenzen, dann sollten sie versuchen, Ihre Geschäftsstelle auch dort »zu eröffnen«, wo Sie gern spielen möchten.

Die Gründungsversammlung selbst will natürlich auch klug vorbereitet sein. Neben ausreichend Platz benötigen Sie Freiwillige, die Ihre Besucher registrieren und mit Informationsmaterial versorgen. Das haben Sie natürlich vorher schon gedruckt, kopiert und geheftet und kurz vor knapp beim Copyshop abgeholt. Stimmkarten benötigen Sie übrigens nicht, da die Entscheidungen auf Ihrer Gründungsversammlung rechtlich nicht bindend sind. Das befreit Sie auch von der lästigen Pflicht einer Tagesordnung oder eines Protokolls. Letzteres sollte aber aus Gründen der Transparenz trotzdem erstellt werden. Wenn es Ihre finanzielle Situation zulässt, haben Sie außerdem schon ein paar Buttons mit Vereinslogo gestaltet. Diese verteilen Sie später an die Anwesenden, die sich nach Ihrer Informationsveranstaltung dazu entschlossen haben, Mitglied Ihres Clubs zu werden, und ihren Mitgliedsantrag in die dafür vorgesehenen Boxen gesteckt ... Apropos, haben Sie daran gedacht, Mitgliedsanträge zu drucken und Sammelboxen aufzustellen? Haben Sie genug Kassen für die ersten Mitgliedsbeiträge? Wie viel Mitgliedsbeitrag nehmen Sie überhaupt von Sportlern, fördernden Mitgliedern und Schiedsrichtern? Sollen Rentner und Arbeitslose neben Schülern und Studenten einen ermäßigten Beitrag zahlen oder nicht? Und gibt es eine Aufnahmegebühr? Wie sieht es mit einem Familientarif aus? Darüber sollten Sie sich schon einmal Gedanken gemacht haben und sich idealerweise an den Beitragssätzen anderer Vereine orientieren. Das verhindert die peinliche Situation, den Betrag senken zu müssen. Denn am Ende wollen Ihre potenziellen Mitglieder wissen, was der Spaß kostet. Und das sollte nicht zu viel sein. Zu wenig allerdings auch nicht, denn dann können Sie Ihren Verein nicht finanzieren.

Wenn der Termin der Versammlung (bloß nicht zu früh ansetzen!) näher rückt, sollten Sie Ihre mediale Präsenz erhöhen und gegebenenfalls auch eine Pressemitteilung an die örtlichen Journalisten verschicken, denn Ihr junger Verein braucht Aufmerksamkeit. Das bringt potenzielle Mitglieder und damit ein vernünftiges Budget, mit dem sich arbeiten lässt. Medienvertreter lassen Sie auf der Versammlung natürlich zu, auch wenn es in unseren Zeiten ja leider immer mehr Menschen gibt, die in ihnen Lügner und Schmierfinken sehen, die dem neu gegründeten Club aus unerfindlichen Gründen direkt an den Karren fahren wollen. Entkräften Sie diese Thesen bereits im Vorwege, denn die Medien sind Ihr günstiger Weg in den Fokus und das Gedächtnis der Öffentlichkeit.

Wie bereits weiter vorn beschrieben, hat Ihre Gründungsversammlung keinerlei rechtlich bindende Kraft. Hierfür benötigen Sie eine ordentliche Mitgliederversammlung. Damit Sie dort allerdings nicht im Stuhlkreis mit Ihren Freunden sitzen, berufen Sie die Gründungsversammlung ein und geben den Menschen die Möglichkeit, teilzunehmen. Als Goodie darf sich jeder, der auf der Gründungsversammlung bereits einen Mitgliedsantrag ausgefüllt hat, als Gründungsmitglied bezeichnen. Das sind kleine Details mit großer Strahlkraft, die den Verein nichts kosten, ihn sogar positiv dastehen lassen. 150 Gründungsmitglieder sehen schließlich auch auf dem Papier imposanter aus als zehn. Um die Anwesenden von Ihrem Konzept zu überzeugen, holen Sie sich Hilfe von außen. Um genau zu sein, bemühen Sie sich darum, jemanden einzuladen, der selbst von einem Club kommt, der vor nicht allzu langer Zeit aus ähnlichen Motiven gegründet und nun erfolgreich geführt wird. Das zeigt Ihren potenziellen Mitgliedern, welche Möglichkeiten es gibt, und beruhigt sie zugleich. Zumindest, solange Sie nicht mit total verqueren und realitätsfernen Plänen aufwarten, wie dem direkten Durchmarsch in die Bundesliga.

Die ordentliche Mitgliederversammlung setzen Sie zeitnah, jedoch nicht zu kurzfristig an, da Sie die satzungsgemäßen Ladungsfristen beachten müssen. Hier können Ihre Mitglieder nun auch selbst entscheiden und gestalten.

Zuerst einmal muss der Vorstand beziehungsweise das Präsidium gewählt (oder bestätigt) werden. Weiterhin können natürlich Anträge auf Änderung der Satzung behandelt werden, wenn es denn notwendig erscheint. Achten Sie bei Ihrer Mitgliederversammlung auf die gesetzlichen Vorschriften: Ladungsfristen, Protokoll, korrekter Wahlablauf, und so weiter.

Bis Ihre erste Mitgliederversammlung stattfindet, haben Sie Zeit, den Verein für seine erste Spielzeit vorzubereiten. Denn wie Ihnen vielleicht aufgefallen ist, haben Sie derzeit weder eine Mannschaft noch ein Trainerteam. Natürlich hätten Sie sich schon einmal darum kümmern können, einen halbwegs brauchbaren Kader aufzustellen, allerdings rate ich davon ab, den Spielbetrieb überstürzt aufzunehmen. Natürlich lechzt Ihre Mitgliedschaft nach einer eigenen Mannschaft, die von Sieg zu Sieg eilt, doch Sie werden später erfahren, warum zwischen Vereinsgründung und Aufnahme des Spielbetriebs etwas mehr als nur sechs oder sieben Wochen liegen sollten.

Vielleicht haben Sie ja bereits in den Reihen Ihrer Mitstreiter jemanden, der richtig tief in der Materie steckt, der bereits eine Trainerlizenz besitzt und gut vernetzt ist. Vielleicht ist diese Person ja auch über die Medienberichte zur Gründungsversammlung auf Sie und Ihren Club aufmerksam geworden und hat sich bei Ihnen gemeldet, nachdem er sich angehört hat, was Sie zu erzählen hatten. Sollte dies nicht der Fall sein, müssen Sie sich umhören und das zur Verfügung stehende Amt bewerben. Sie benötigen Knowhow, um einen erfolgreichen Fußballclub auf die Beine zu stellen. Das ist jetzt nämlich keine Schnapsidee mehr, sondern Sie tragen die Verantwortung für Ihre zahlreichen Mitglieder, die Ihnen vorab reichlich Vertrauen geschenkt und auch nicht gerade wenig Geld auf das Vereinskonto eingezahlt haben.

Nachdem Sie einen sportlichen Leiter beziehungsweise Fußball-Obmann gefunden haben, machen Sie sich mit ihm an die Trainersuche. Wie schon bei den Trikots gilt hier »Viele Köche verderben den Brei«. Verteilen Sie innerhalb der Führungsetage klare Aufgabenfelder nach Fähigkeit. So verhindern Sie, dass sich jeder mit allem beschäftigt und Entscheidungen unnötig in die Länge gezogen werden. Außerdem signalisieren Sie Ihrem sportlichen Leiter auch ein gewisses Vertrauen, wenn er sich nur mit einem Mitglied des Präsidiums oder des Vorstandes besprechen muss, während der Rest lediglich abnickt, nachdem er informiert wurde. Apropos Informationen: Treffen Sie sich im Zeitraum zwischen Gründung und erstem Spieltag am besten jede Woche einmal im Präsidium, mindestens aber alle 14 Tage. Warum? Nun, Sie werden nicht gerade wenig zu tun haben.

Neben dem sportlichen Bereich gibt es natürlich noch andere Baustellen. So zum Beispiel das Thema Spielstätte und Anmeldung für den Spielbetrieb. Während die Meldung zum Spielbetrieb meist Zeit hat bis zur Sommerpause, sollten Sie sich schon früh mit der Suche nach einer geeigneten »Heimat« für Ihren Verein befassen. Insbesondere in Großstädten ist es nicht gerade einfach, einen angemessenen Platz zu finden. Wenn Sie nämlich eine große Anzahl an Fans und Mitgliedern gewinnen möchten, fällt der Grandplatz ohne Tribünenausbau und Gastronomie schon einmal aus, und Ihr Kandidatenkreis schrumpft bereits drastisch. Hinzu kommt, dass leider in immer mehr Kommunen Sportanlagen in günstiger Lage dem Wohnungsbau weichen müssen und neue Plätze meist in deutlich unattraktiverem Terrain liegen. Das macht es natürlich schwer, weshalb Sie sich am besten frühzeitig von der Idealvorstellung »enger 10.000er-Ground mit Stadionkneipe, zwei Trainingsplätzen und Geschäftsstelle« verabschieden, selbst zur Miete.

Sie müssen also alle bevorzugten Anlagen abklappern und am besten mittels einer Check-Liste über das Für und Wider befinden. Auch hier sollte ein Vorstandsmitglied federführend sein und sich dann Hilfe aus der Mitgliedschaft holen, deren Einbindung das A und O eines erfolgreichen, mitgliedergeführten Vereins ist. Sollte Ihr Hauptinteresse einem Sportplatz in Vereinsbesitz gelten, so haben Sie Glück! Sie können sofort damit beginnen, den Besitzer zu kontaktieren. Am besten – habe ich mir sagen lassen – gelingt dies über das persönliche Gespräch mit dem jeweiligen Platzwart. Grundsätzlich sind allerdings die meisten Vereine ziemlich froh, wenn sie jemanden finden, der sich bei ihnen einmieten möchte. Andererseits ist die Platzbelegung meist schon am Ende ihrer Kapazitäten, da gegebenenfalls nicht nur ein bis drei Herrenmannschaften auf Ihrer favorisierten Anlage beheimatet sind, sondern auch noch Frauen, Senioren, Alte Herren, Supersenioren und Jugendmannschaften. Eventuell gibt es auch noch einen weiteren Untermieter.

Hinzu kommt, dass Sie wahrscheinlich mehr zahlen müssen als auf einer städtischen Anlage. Bei der Nutzung städtischer Sportplätze sind Sie damit konfrontiert, dass Kommunen immer erst relativ spät darüber entscheiden, wer wo spielen und trainieren kann. Hier haben Sie zudem noch einmal mehr Mitbewerber, und es kann Ihnen passieren, dass Ihre Spielstätte mangels Alternativen nicht im gewünschten Bezirk liegt. Sie müssen sich also mit dem zufrieden geben, was Ihnen relativ kurzfristig zugeteilt wird.

Ich bin weiter vorne darauf eingegangen, dass Sie eine gewisse Vorlaufzeit benötigen, bis Sie den Spielbetrieb aufnehmen können. Das hat zwar seine Vorteile für die Vorbereitung, stellt Sie allerdings wiederum vor die Herausforderung, Ihre Mitglieder und Fans »bei der Stange« halten zu müssen. Bieten Sie daher regelmäßige Stammtische an und lassen Sie Ihre Leute außerdem an Arbeitskreisen partizipieren. So sind sie immer auf dem neuesten Stand der Dinge und partizipieren an der Vereinsarbeit. Arbeitskreise können sich zum Beispiel mit der Schaffung einer professionellen Website, mit Öffentlichkeitsarbeit, der Suche nach einer geeigneten Spielstätte oder auch Fanartikeln befassen. Fanartikel? Richtig! Die Erfahrung zeigt nämlich, dass Ihre Mitglieder auch zeigen wollen, welchem Club sie angehören.

Neben diesen regelmäßigen Treffen sollten Sie außerdem auch immer wieder besondere Veranstaltungen einstreuen, die das Zusammengehörigkeitsgefühl stärken, wie zum Beispiel Grillfeste und Weihnachtsfeiern. Hierzu können Sie auch gleich einen Arbeitskreis gründen, der sich mit der Organisation befasst. Derartige Sonderveranstaltungen können auch mit dem sportlichen (Planungs-)Geschehen kombiniert werden. So dürstet es Ihre Mitgliedschaft nach jeder brauchbaren Information über die Fortschritte, die Ihre sportliche Leitung erzielt hat. Warum also nicht eine Trainervorstellung anberaumen, wenn Sie in diesem Bereich Vollzug melden können? Auf der Veranstaltung kann Ihr neuer Trainer gleich einmal die Fragen der Mitgliedschaft beantworten und sich zu seinen Plänen äußern. Idealerweise haben Sie auch die Medien für Ihren Verein sensibilisiert und laden diese auch ein.

Steht Ihr Trainerteam erst mal, sollten Sie sich um Spieler kümmern. Dabei müssen Sie sich immer vor Augen halten, dass niemand auf Ihren Club gewartet hat und nun begeistert »Hier!« schreit, sobald Sie Ihr Gesuch veröffentlichen. So sollten Sie schon die Vorzüge eines Engagements bei Ihrem Verein glasklar herausstellen und die Interessenten zum Vorspieltermin bitten, während Ihr Trainer und der Obmann auch anderweitig die Fühler ausstrecken, um eine schlagkräftige Truppe zusammenzustellen.

Gleichzeitig können Sie in Zusammenarbeit mit der sportlichen Leitung einen weiteren Arbeitskreis gründen, dessen Aufgabe es ist, Ihrem ersten Team der Vereinsgeschichte das passende Outfit zu organisieren. Sie wissen ja bereits, wie die Spielkleidung aussehen soll, nun geht es daran, den passenden Ausrüster zu finden. Natürlich wäre es ideal, wenn einer der Big Player des Geschäfts Ihr Partner wird, allerdings bedeuten große Namen eben auch hohe Kosten, und Sie befinden sich in der Situation, dass Sie wirklich alles, was Ihre Spieler benötigen werden, zusammenkaufen müssen. Das beginnt mit der Spielkleidung und hört auf mit den Trainingsutensilien und Ausgehanzügen. Unter Umständen müssen Sie für Ihre Anhänger und die Mitglieder noch diverse weitere Trikots ordern. Außerdem muss auch die Qualität stimmen. Stutzen, die nach vier Spielen von großen Löchern verziert werden, können Sie ebenso wenig gebrauchen wie Trainingsshirts, die man nach der ersten Einheit auf matschigem Geläuf nicht mehr sauber bekommt. Im Idealfall finden Sie mehrere Anbieter, aus denen Sie dann wählen können und die Ihnen auch noch einen guten Preis machen. Wenn es eher schlecht läuft, haben Sie keinen Ausrüster und kaufen sich Spiel- sowie Trainingsbedarf nach dem Baukastenprinzip zusammen.

Wenn sich einer anbietet, dann ist in diesem Bereich ein Sponsor, der zu Ihnen passt und dem Sie nicht gleich die Entscheidungsgewalt überlassen müssen, von Vorteil. So minimieren Sie Ihre Kosten, die allerdings bei längerer Vorlaufzeit dankenswerterweise eh relativ gering sind, da Sie ja noch keine Ausgaben für den Spielbetrieb haben. Das heißt, dass Sie mit den Einnahmen aus Ihren Mitgliedsbeiträgen schon einmal Anschaffungen tätigen können, deren Kosten dann im ersten aktiven Jahr entfallen. Dies betrifft nicht nur die Anschaffung von Bekleidung für Ihr Team, sondern auch Trainingsmaterial wie Bälle, Leitern, Leibchen, Tore und Slalomhütchen.

Spätestens im März oder April sollten Sie langsam, aber sicher die Komplettierung Ihrer ersten Elf in Angriff nehmen. Vermutlich werden Ihre beiden Sportchefs schon den einen oder anderen vielversprechenden Kandidaten verpflichtet und dies bekannt gegeben haben. Jetzt geht es also daran, die Mannschaft um diese Spieler herum aufzubauen. Schreiben Sie die Kandidaten an, die gern bei Ihnen vorspielen möchten, und teilen Sie ihnen mit, wann und wo sie sich beweisen müssen. Da Sie schon lange keine Veranstaltung mehr mit Ihren Mitgliedern hatten (die letzte war die Feier zum einjährigen Bestehen Ihres Clubs), laden Sie diese auch gleich zum Vorspielen ein, allerdings als Zuschauer, für deren leibliches Wohl Ihr Arbeitskreis Veranstaltungen samt freiwilliger Helfer sorgt. Trainiert wird auf Ihrem neuen Trainingsgelände, das idealerweise auch gleichzeitig Ihre Spielstätte ist. Die Entscheidung für Ihre neue Heimat ist zu diesem Zeitpunkt hoffentlich längst gefallen und wurde auch dementsprechend groß kommuniziert, sodass sich vielleicht noch ein oder zwei Spieler gemeldet haben, die von sich aus auf Ihren Club aufmerksam geworden sind.

Überhaupt kann es lohnenswert sein, seinen Spielern ein professionelles Umfeld zu bieten. Neben einer schönen Rasenanlage, auf der Fußballspieler in ihrer Mehrheit immer noch am liebsten spielen, kann dies auch bedeuten, dass man einen Zeugwart beschäftigt, der dafür sorgt, dass sich die Spieler um nichts mehr kümmern müssen. Ob diese Art der Rundumversorgung nicht doch ein bisschen übertrieben ist, müssen Sie natürlich selbst wissen. Fakt ist, dass sie – wie auch das Vorhandensein eines professionellen Physiotherapeuten – ein gutes Argument dafür ist, für Ihren Verein die Schuhe zu schnüren und Bestleistungen abzuliefern, die der Fan bei einem solchen Betreuerstab natürlich auch vollkommen zu Recht einfordert.

Die Akteure, die Ihnen beim Probetraining am meisten zugesagt haben, stellen Sie im Nachgang ausgiebig auf Ihrer hoffentlich mittlerweile existenten Website und Ihren Followern bei Facebook vor, um weiterhin im Gespräch zu bleiben und vor allem um zu signalisieren, dass es bei Ihnen Schritt für Schritt vorangeht. Dokumentieren Sie am besten sämtliche wichtigen Schritte Ihrer Vereinsgründungsphase, vorzugsweise auch in Ton und Bild. Ob Handyvideos auf Facebook oder eine umfassende Bildergalerie, die auf Ihrer Homepage den Bericht vom Vorspieltermin komplettiert – Sie erhöhen so Ihre mediale Präsenz und die Aufmerksamkeit der Öffentlichkeit.

Sie befinden sich nun an der Schwelle vom Vorbereitungsjahr zu Ihrer Premierensaison. Etwa ein Jahr, vielleicht etwas mehr oder weniger, liegt nun zwischen Ihrer Idee, einen eigenen Verein zu gründen, und dem Zeitpunkt, an dem es richtig in die Vollen geht! Sie haben alles so weit vorbereitet, dass Ihr Team erfolgreich seine erste Saison in der untersten Spielklasse Ihres Landesverbandes bestreiten kann. Dort, wo Fußball noch richtig wehtut!

Das ist ein Grund zum Feiern, und deshalb wird das erste Vorbereitungstraining von Ihnen selbstverständlich beworben, damit Ihre Mitglieder, die zahlreichen fleißigen Helfer und die Sympathisanten dabei sind, wenn der Übungsleiter seine Jungs erstmals zur Einheit bittet. Sie werden aufgeregt sein wie ein kleines Kind an Heiligabend und in den Tagen davor kaum an etwas anderes denken können. Umso besser schmeckt dann am Tag des ersten Trainings das Bier, wenn »Ihre Mannschaft« aus der Kabine kommt und zeigt, was sie kann. Es folgen die ersten Testspiele, die noch einmal eine Steigerung dieser Aufregung darstellen werden, weil erstmals elf Männer in den von Ihnen entworfenen und gekauften Trikots auflaufen, um in einem fulminanten Spiel bei bestem Fußballwetter ...

... festzustellen, dass man nach zwei Trainingseinheiten eben doch noch nicht so eingespielt ist, wie man es gern hätte, und dass ein bisschen Fett am Bauch tatsächlich noch abtrainiert werden muss.

Unter Umständen verlieren Sie nun erst einmal jedes Spiel, doch das ist normal und stärkt die Mannschaft. Vielleicht konnten Sie sich auch noch ein Trainingslager leisten, in dem die Mannschaft zu einer Einheit zusammengeschweißt wurde, auf jeden Fall folgt irgendwann der erste Sieg, den Sie und Ihre Mitstreiter natürlich umso frenetischer mit dem Team feiern. Nach einigen Wochen kommt dann allerdings das erste wirklich wichtige Spiel: Ihre Punktspielpremiere!

Zugegeben, es könnte auch die erste Runde des Pokals sein, auf jeden Fall aber geht es endlich wirklich um etwas. Um Punkte oder das Weiterkommen – ganz einfach um den Sieg! Sie werden in den Tagen davor noch aufgeregter sein, allerdings haben Sie wenig Zeit für Gefühle, denn die stören Sie nur bei Ihren wirklich wichtigen Aufgaben: Sie müssen einen Spieltag planen und organisieren, und das beginnt schon weit vorher. Da Ihre Mitgliedschaft sich zum größten Teil aus Fußballnostalgikern zusammensetzt, ist ein bunter Schnipsel als Eintrittskarte natürlich absolut indiskutabel. Sollten Sie das anders sehen, wurde Ihnen bereits mit Abwahl des gesamten Präsidiums gedroht. Das können Sie allerdings gerade überhaupt nicht gebrauchen. Weil Demokratie echt anstrengend ist, wie Sie bereits im vergangenen Jahr festgestellt haben, wurden mit genügend Vorlaufzeit Motive für die individuellen Tageskarten sowie für die Dauerkarten eingereicht, über die Ihre Mitglieder bei einem der letzten Stammtische abgestimmt haben. Angebote für den Druck haben Sie auch längst evaluiert, sodass ein Favorit für die Herstellung feststeht und rechtzeitig beauftragt wurde. Leider konnte diese Firma nur die Tageskarten drucken, sodass die Dauerkarten bei einem anderen Anbieter geordert werden mussten. Immerhin, beide Sorten von Tickets liegen bereit (allerdings fehlt die Lochzange für die Dauerkarten), und bereits vor eineinhalb Wochen haben Sie in den relevanten Kneipen, Einzelhandelsgeschäften und Banken Spielankündigungsplakate aufgehängt, die sich von denen der Ligakonkurrenz natürlich deutlich unterscheiden. Während alle anderen die klassische Variante des A3-Plakates in den Vereinsfarben genommen haben, in deren Mitte die Spielpaarung steht und das von den Sponsorenlogos übersät ist, haben sich bei Ihnen die Mitglieder um die Gestaltung gekümmert und eine nostalgische Spielanzeige geschaffen, die an das Design der 1920er-Jahre angelehnt ist. Sponsoren, wenn sie überhaupt vorhanden sind, stehen klein am unteren Rand. Kostet zwar eine Menge Geld, kann man aber auch den Fans als Souvenir verkaufen. Gleiches gilt natürlich auch für Eintrittskarten und Programmhefte, für die es in Deutschland und darüber hinaus sogar Tauschbörsen und Sammlervereinigungen gibt. Das Programmheft oder Spieltagsmagazin müssen Sie übrigens natürlich auch noch rechtzeitig beim Drucker abholen – oder Sie delegieren diese Aufgabe an eine Person aus dem betreffenden Arbeitskreis.

Unter Umständen hatten Sie bereits ein Testspiel, bei dem Sie schon einmal üben konnten, doch nun wird es ernst: Sie müssen die Aufgaben verteilen und benötigen genug Freiwillige, die für Sicherheit, den Kassenbetrieb, den Verkauf von Fanartikeln sowie den Auf- und Abbau sorgen. Je nachdem, ob Sie nun einen Sportplatz mit oder ohne angeschlossene Gastronomie haben, kann es zudem sein, dass Sie außerdem Tresenkräfte benötigen, die für die Verpflegung sorgen. Letztere zaubert sich natürlich auch nicht von selbst zur Sportstätte, weshalb Sie am Tag vor dem Spiel jemanden mit einer langen Einkaufsliste in den Großmarkt schicken, bei dem Sie hoffentlich schon eine Karte haben. Sie selbst haben mit dem ortsansässigen Bierverlag bereits ein Kommissionsgeschäft vereinbart und den Chef dazu bewegt, Gewehr bei Fuß zu stehen, falls die geordnete Menge an Getränken vielleicht doch falsch kalkuliert war. Am Abend vor dem großen Spiel liegen Sie stundenlang wach und spielen den Ablauf des Spieltags durch, obwohl Sie bereits einen ordentlichen Schlummertrunk zu sich genommen haben – oder drei.

Verkatert wachen Sie am nächsten Morgen sehr früh auf. Das Wetter ist prächtig, der Kaffee stark und heiß, und alle Helfer sind pünktlich zwei Stunden vor Spielbeginn am Platz. Auch die Mannschaft ist heiß auf das erste Pflichtspiel.

Was fehlt, sind allerdings die Plastikbecher für den Getränkeausschank und die Wurstpappen, weshalb Sie noch einmal zum nächsten Supermarkt müssen, um mehrere Hundert davon zu holen. An der Kasse bekommen Sie außerdem einen Anruf, dass zu wenig Grillkohle vorhanden ist.

Diese Baustelle können Sie sich natürlich sparen, indem Sie jemanden engagieren, der sich um die Verpflegung der Zuschauer kümmert. Das hat nicht nur den Vorteil, dass ein nicht unbeträchtlicher Planungsaufwand entfällt, sondern auch, dass Sie Helfer einsparen, die sich um andere Dinge kümmern können. Allerdings entgehen Ihnen auch Einnahmen, denn den meisten Gewinn macht man nun einmal mit der Gastronomie am Platz, da die Eintrittsgelder bei einem Kartenpreis von ein oder zwei Euro liegen. Wägen Sie also genau ab, ob es Ihnen der Aufwand wert ist oder ob Sie auf die Gelder aus dem Speisen- und Getränkeverkauf auch verzichten können.

Auf keinen Fall verzichten sollten Sie darauf, einen Verantwortlichen zu finden, der sich um den Ablauf des Spieltags kümmert. Das muss nicht jedes Mal die gleiche Person sein, doch einer sollte stets den Hut aufhaben und wissen, wer für was eingeteilt ist und was noch zu tun ist, um für einen reibungslosen Ablauf zu sorgen. Natürlich kann dieses Vereinsmitglied, das im Normalfall aus dem Vorstand/Präsidium sein sollte, die meisten Aufgaben delegieren.

Abpfiff, Sieg und Freudentaumel allerorten! Natürlich ist kein Gefühl großartiger, als nach einem Jahr Vorbereitung das erste Pflichtspiel zu gewinnen, vielleicht sogar in fulminanter Art und Weise! Eine Siegesfeier nach dieser derart langen Wartezeit schmeckt zuckersüß, und zu Recht liegen sich nach dem Abpfiff alle in den Armen, fließt das Bier in Strömen und macht die Musikanlage (Erfahrungen zeigen, dass es von Vorteil ist, eine solche anzumieten, falls der Spielort nicht über eine Lautsprecheranlage verfügt) Überstunden. Vergessen Sie trotzdem nicht Ihre Pflichten nach dem Spiel! Zum einen verlangt der Schiedsrichter Geld für seine Leistung – und damit ist natürlich nicht Schmiergeld gemeint, sondern die Prämie dafür, dass er die Partie geleitet hat –, zum anderen müssen Sie über die beim Deutschen Fußball-Bund gekaufte Software direkt nach dem Spiel den Spielbericht veröffentlichen. Dies obliegt stets dem Heimverein und sollte auch akribisch beachtet werden, um Strafen zu umgehen. Hatten Sie ein Pokalspiel? Dann müssen Sie außerdem noch den Gastverein auszahlen. Im Pokal gilt nämlich auch auf unterster Amateurebene die Einnahmenteilung. Nach Abzug aller Kosten (Platzmiete und Schiedsrichtergespann) wird der Erlös aus den Eintrittsgeldern fair geteilt.

Natürlich ist der Spieltag damit nicht vorbei, denn die Jerseys der Mannschaft waschen sich nicht von selbst. Wenn es nicht Aufgabe der Spieler ist, reihum die dreckige Wäsche mit nach Hause zu nehmen und dort zu waschen, sollten Sie hoffentlich einen Zeugwart oder Betreuer haben, der dies übernimmt. Nicht, dass die doch eher undankbare Aufgabe noch an Ihnen hängen bleibt.

Diese Mischung aus Stress und Euphorie erleben Sie nun alle zwei Wochen, mit Ausnahme der Wintermonate. Denn während in der Bundesliga eine Rasenheizung zum Standard gehört, suchen Sie diese im Amateurfußball vergebens. So kann es schon vorkommen, dass in der Zeit der Herbststürme und Schneefälle drei Wochen am Stück gar nicht angetreten werden kann, weil der Sportplatz beim besten Willen nicht bespielbar ist. Das sind die Unwägbarkeiten des Amateursports, die dazu führen können, dass Sie in Konsequenz drei Spiele pro Woche haben und am Ende reif für einen Erholungsurlaub in einem angesehenen Sanatorium sind. Doch was tut man nicht alles für seinen Verein?

Unter anderem auch einmal etwas, was man vielleicht gar nicht will. Ich spreche von den Pflichten eines Vereinsoffiziellen, auf die man gern verzichtet. Zusammenfassen kann man sie unter dem Terminus »Spielverderber spielen«. Denn irgendwann kommt es auch bei einem Verein, in dem alle partizipieren sollen, zu dem Moment, wo es gewisse Meinungsverschiedenheiten gibt. Der Grund hierfür ist, dass es ein gewisser Unterschied ist, ob man als einer von vielen einem Bundesligaverein folgt oder ob man Teil eines neu gegründeten Vereins, womöglich sogar als Offizieller, ist. Das heißt, dass semi-legale Aktionen rund um das Spielfeld vielleicht früher immer für einen Lacher gut waren. Heute jedoch müssen Sie zweimal darüber nachdenken, ob ein Flltzer oder der Gebrauch von Pyrotechnik so lustig sind wie damals, als Sie noch Bundesliga geschaut haben. Das Problem ist, dass Sie heute einem deutlich kleineren Verein angehören, dessen finanzielle Möglichkeiten weitaus begrenzter sind als die eines Multimillionen umsetzenden Unternehmens in der Bundesliga. Wenn Sie schon als Anhänger der Meinung sind, dass erheiternde Elemente, die den Regeln nicht ganz entsprechen, vertretbar sind, so werden Sie dies als Offizieller doch deutlich anders sehen. Zum einen ist Ihnen bewusst, dass die Offiziellen in den Verbandsgremien für Fanhumor nur wenig und für Fankultur gleich überhaupt nicht zugänglich sind, was natürlich nicht die Schuld der Fans selbst ist. Zum anderen verpflichten Sie sich als Vereinsoffizieller, jedweden Schaden von Ihrem Verein abzuwenden, selbst dann, wenn Sie eigentlich der Meinung sind, dass ein nackter »Störer« zur Fußballfolklore gehört wie Bier und Stadionwurst, und auch wenn Sie bengalischen Feuern und Rauchtöpfen noch nie etwas Negatives abgewinnen konnten und die bunte Untermalung des Spiels durch Pyrotechnik eigentlich sogar eher befürworten.

Es ist allerdings sehr wahrscheinlich, dass es viele Menschen gibt, die das Ganze nicht so eng sehen und die möglicherweise drohenden Konsequenzen nicht vor Augen haben. Auch hier ist die Partizipation der Fans und Mitglieder alles. Machen Sie ihnen klar, welche Konsequenzen unüberlegtes Handeln haben könnte. Denn es bleibt nicht bei eventuell leicht zu verkraftenden Geldstrafen, im Wiederholungsfall müssen Sie sich unter Umständen auch mit Punktabzügen oder Sperren auseinandersetzen, da die DFB-Landesverbände mangels Verständnis und Sensibilisierung für Fanthemen leider nur allzu oft sehr schnell sind, wenn es darum geht, drastische Strafen zu verhängen.

Neben der Sensibilisierung Ihrer Anhänger sollten Sie allerdings auch beim Verband um Verständnis werben. Nicht selten lassen sich die entscheidenden Vertreter der Amateurlandesverbände von dem leiten, was sie im Zusammenhang mit Bundesliga- und Pokalspielen sowie mit Europa League und Champions League aus den Medien aufschnappen. Soll heißen, dass leider auch Verbandsoffizielle nur Menschen sind, die dem glauben, was die Medien transportieren, was Interessenvertreter von Staatsorganen postulieren oder DFB-Vertreter in vollkommener Verkennung der Situation in die Mikrofone der deutschen Medien diktieren. Hier heißt es für Sie ebenfalls, anzusetzen und Ihnen näherzubringen, dass das Fanverhalten im Falle von pyrotechnischen Artikeln eigentlich eher Ausdruck von Begeisterung und positiven Gefühlen ist und im Allgemeinen nicht aus Unsportlichkeit und Destruktivität zutage tritt. Dies ist ein fortwährender und stetiger Prozess oder sogar Kampf, den Sie bestreiten müssen und aktuell halten sollten, denn nur zu gern vergisst die Basis natürlich, dass man sich eigentlich darauf geeinigt hatte, dass die Füße still gehalten werden, solange man nicht in der Liga »durch« ist oder die Verbandsvertreter einlenken. Bleiben Sie daher mit Ihren Anhängern im Gespräch, um Sanktionen durch den Verband dauerhaft zu vermeiden. Diskutieren Sie regelmäßig mit allen Interessengruppen im Verein, und machen Sie deutlich, dass nur gemeinsam die großen Ziele erreicht werden können, auch wenn Einzelne zurückstecken müssen.

Weiterhin sollten Sie natürlich Ihre Arbeitskreise am Leben halten, so diese nicht bereits überflüssig sind. Wichtig ist hier insbesondere die Redaktion Ihres Spieltagsheftes, die ein eingespieltes und verlässliches Team sein sollte. Nicht ist ärgerlicher, als wenn man ein halb fertiges Heft vorliegen hat, die Redakteure sich jedoch nicht an die Deadline für ihre Artikel halten, weshalb nur ein halb so dickes Heft wie sonst in den Druck gehen oder – noch schlimmer – gar kein Magazin zum Spieltag erscheinen kann. Erfahrungsgemäß hinterlässt das einen schlechten Eindruck bei den Zuschauern, die sich darauf verlassen, interessante Artikel zu lesen und natürlich statistisch immer auf der Höhe des Geschehens zu sein.

Sorgen Sie außerdem dafür, dass Sie immer genügend freiwillige Helfer haben, sodass es niemanden gibt, der an jedem Spieltag Fanartikel verkauft oder bis zur Halbzeit im Kassenhäuschen sitzen muss. Denken Sie immer daran, dass Ihre Ehrenamtlichen eigentlich Fußballfans sind und sich das Geschehen auf dem grünen Rasen gern ansehen würden. Deshalb ist es wichtig, sie nicht zu überfordern und immer ausreichend Ersatz zu haben. Hier bietet es sich an, die Leute direkt anzusprechen und Ihnen zu signalisieren, dass man das Vertrauen in sie hat, den betreffenden Job zu machen. Gelingt Ihnen dies nicht, erhalten Sie nicht nur nicht mehr freiwillige Helfer, die Zahl der Ehrenamtlichen geht sogar eher zurück, weil sich Lustlosigkeit unter ihnen breitmacht. Dies gilt es in jedem Fall zu verhindern. Ziehen Sie rechtzeitig die Reißleine, wenn Moral und Elan Ihrer Unterstützer nachlassen, denn Sie sind darauf angewiesen, wenn Sie einen erfolgreichen Spieltagsablauf aufrechterhalten wollen, ohne bezahlte Arbeitskräfte einsetzen zu müssen.

Neben Ihren Arbeitskreisen und dem Elan der vielen Ehrenamtlichen sollten Sie auch Ihre Kommunikation mit der Außenwelt aufrechterhalten. Öffentlichkeitsarbeit ist eine

Ihrer wichtigsten Aufgaben, wenn Sie einen Verein neu gegründet haben. Wenn Sie nicht auf ewig in der untersten Spielklasse verweilen möchten, benötigen Sie sportlichen Erfolg. Den erreichen Sie durch ein perfekt eingespieltes Team und ein stimmiges Umfeld, wobei es aber nicht bleiben darf.

Sie benötigen einen Unterbau für Ihre erste Mannschaft. Das beginnt mit einem zweiten Team, das aber keinesfalls nur eine Tresentruppe sein darf, und endet nicht erst bei einer erfolgreichen Jugendarbeit. Zugegebenermaßen hat das alles natürlich durchaus Vorlaufzeit, muss aber irgendwann kommen. Das heißt, dass Sie neue Spieler benötigen, um diese neuen Mannschaften zu gründen. Diese erreichen Sie nur dann, wenn Sie auch öffentlich stattfinden. Weitere Mannschaften kosten außerdem Geld. Sie benötigen sowohl Mitglieder- als auch Zuschauerzuwachs, um es sich überhaupt leisten zu können, ein erfolgreicher Amateurverein mit mehreren Mannschaften, vielleicht ja auch irgendwann Abteilungen zu werden.

Nur wenn Sie in den Medien präsent sind, wird es Ihnen gelingen, den Zuschauerstamm nicht nur zu festigen, sondern auch zu erweitern, neue Mitglieder und Spieler anzusprechen. Ein weiterer Vorteil Ihres Vereins in der Öffentlichkeit ist, dass auch potenzielle Sponsoren auf Sie aufmerksam werden. Wer hingegen unbekannt ist und lediglich am Montag in der Lokalzeitung in der Abschlusstabelle des jeweiligen Spieltags auftaucht, der wird einem möglichen Geldgeber weniger unterstützenswert erscheinen. Und irgendwann sind eben solche Sponsoren nicht mehr nur ein

»Nice-to-have« sondern ein »Must-have«. Spätestens, wenn Sie mit Ihrem Verein höhere Sphären anstreben, werden Sie einen potenten Geldgeber benötigen. Da wäre es doch nicht schlecht, wenn man ein Verein ist, der mit öffentlicher Aufmerksamkeit wuchern kann.

Allerdings: Achten Sie bei Ihrer Öffentlichkeitsarbeit auch darauf, dass Sie es nicht übertreiben mit Ihren Facebook-, Twitter-, und Website-Meldungen. Omnipräsent sollten Sie nämlich auch nicht sein, damit der neutrale Leser Sie nicht irgendwann »über« hat. Zumal das auch schnell zu Neid und Missgunst bei anderen Vereinen führen kann.

Bei allem Streben nach Erfolg und dem Versuch, Ihren Verein nach oben zu bringen, sollten Sie genau diesen Verein und was ihn ausmacht nicht vergessen. Seine Mitglieder, die unter Umständen genauso von Idealen getrieben sind wie Sie selbst. Machen Sie also nicht den Fehler, den Blick dafür zu vernachlässigen, wie Ihre Entscheidungen von der Mitgliedschaft aufgenommen werden. Natürlich sind Sie nicht bei jeder Ihrer Entscheidungen verpflichtet, sich nach der Meinung Ihrer Mitglieder zu richten. Manchmal gibt es eben Dinge, die nur Sie zu entscheiden und schlussendlich auch zu verantworten haben. Lassen sie jedoch Demokratie walten, wo Demokratie möglich ist. Es muss und kann sich dabei sicher nicht um jede Entscheidung des Tagesgeschäftes handeln. Das ist allein schon aus zeitlichen Gründen kaum machbar. Doch grundlegende Strategien und Wege Ihres Vereins in der Zukunft sind es wert, diskutiert zu werden, auch wenn es manchmal langwierig und ermüdend ist.

Nichts wäre schlimmer, als die Mitglieder nicht mitzunehmen, selbst wenn dies bedeutet, dass Sie eine Entscheidung fällen müssen, die Ihnen Bauchschmerzen bereitet oder die Ihnen vielleicht absolut nicht schmecken möchte. Sicherlich ist es einfacher, die Mitglieder bei Themen zu konsultieren, die »nicht kriegsentscheidend« sind, doch irgendwann wird sich (hoffentlich) einmal die Frage stellen, wie weit Sie und Ihr Verein für den Erfolg gehen wollen. Es wäre töricht, sich hier nur von den eigenen Ansichten leiten zu lassen. Einerseits würde Ihnen das sicherlich ein Teil der Mitgliedschaft übel nehmen, andererseits sollten Sie sich darauf besinnen, ob Sie noch so handeln, wie es einmal geplant war. Das gilt insbesondere dann, wenn es wirklich darum geht, ob Ihr Club den Sprung in den bezahlten Fußball wagen möchte, denn dieser ist nun einmal – zumindest nach heutigem Stand – damit verbunden, dass man Teil des Systems wird, dem man einst Adieu zugerufen hatte. Seien Sie sich dessen also bewusst!

Auch ansonsten sollte klar sein, dass es immer wieder Fallstricke gibt, wenn man einen eigenen Verein gründet. Das können ganz banale Dinge sein oder auch grundlegende Fehler. Ganz wichtig ist es von vornherein, dass Sie die Aufgabe nicht unterschätzen. Sie müssen sich bei der Gründung eines eigenen Vereins im Klaren darüber sein, dass eine Menge verdammt harter Arbeit auf Sie zukommt. Wenn Sie nicht bereit sind, sich mehrere Stunden in der Woche in diese Arbeit reinzuknien, sollten Sie vielleicht doch eines der anderen, in diesem Buch beschriebenen Hobbys suchen. Sie können sich nicht darauf verlassen, dass es schon einer

Ihrer Mitarbeiter richten wird, denn die haben selbst genug damit zu tun, ihre eigenen Aufgaben zu erfüllen. Halten Sie sich zudem immer an die geltenden Regularien und Vorgaben, verpassen Sie keine Frist. Nichts wäre schlimmer, als wenn die ganze Arbeit, die Sie und andere in diesen Verein stecken, für die Katz wäre, und noch schlimmer, wenn Sie die ganze Nummer in den Sand setzen würden. Nicht nur, dass ein nicht gerade geringer finanzieller Schaden entstünde, Sie müssten es auch vor den Mitgliedern rechtfertigen. Könnten Sie das wirklich?

Als Kardinalfehler, ich habe es schon angeschnitten, können Sie grundsätzlich Intransparenz und die fehlende Bereitschaft zur Einbeziehung Ihrer Mitglieder und Fans ansehen. Es wird Ihnen postwendend leidtun, wenn Sie im Alleingang festlegen, wann Ihr Verein seine Heimspiele austragen wird. Doch auch Entscheidungen, die das Wohl und Wehe der Anhänger am Spieltag nicht betreffen, können schwer nach hinten losgehen. Man wird Ihnen die Hosen ausziehen und Sie zumindest verbal vernichten, wenn Sie die Meinungen der Mitglieder aus Bequemlichkeit nicht eingeholt und dann eine unpopuläre Entscheidung getroffen haben. Dann geht es vielleicht auch gar nicht um die Entscheidung an sich, sondern um die Missachtung der Mitglieder. Selbst wenn Sie eine Entscheidung treffen müssen, von der Sie genau wissen, dass sie nicht auf Gegenliebe stoßen wird, so müssen Sie die Mitgliedschaft darüber informieren, denn nur eine aufgeklärte Mitgliedschaft wird die Notwendigkeit Ihrer Entscheidung einsehen. Das wird unter Umständen ein paar Stunden dauern, verhindert aber, dass man Sie als Mauschler abstempelt, der auch noch (subjektiv) falsch handelt!

Geben Sie sich zudem niemals desinteressiert! Ein »Ist nicht meine Aufgabe« kommt sehr schlecht an. Wenn Sie dann auch noch nach diesem Leitspruch handeln und Unstimmigkeiten in der Mitgliedschaft oder der Mannschaft ignorieren, leisten Sie einer schlechten Atmosphäre sowie Grabenkämpfen im Verein und gegebenenfalls Unkonzentriertheit in der Mannschaft Vorschub, die sich negativ auf den Erfolg und die Gesamtstimmung auswirken werden. Versprochen!

Neben solch schwerwiegenden Fehlern gibt es allerdings auch Dinge, über die Sie hinterher vielleicht einmal lachen können. So zum Beispiel, wenn Ihnen nicht auffällt, dass das Schreiben, das vermeintlich vom Registergericht stammt, eine plumpe Fälschung ist, mit der Kriminelle versuchen, Ihnen als frisch gegründetem Verein das Geld aus der Tasche zu ziehen. Oder wenn es um Transfers geht: Verkünden Sie niemals einen perfekten Transfer, wenn Sie kein schriftliches Dokument in der Hand halten! Insbesondere in der Anfangszeit werden Ihnen ein paar dieser unglücklichen und unnötigen Fehler passieren. Ärgern Sie sich jedoch nicht zu lange darüber, sondern lernen Sie daraus. Und lachen Sie darüber, wenn die Mitgliedschaft nach 20 Jahren beschließt, das neue Stadion in absoluter Toplage nach Ihnen zu benennen!

66

WIE SIE MIT IHREM VEREIN DEN FUSSBALL BEREICHERN UND VERÄNDERN.

Das letzte Kapitel endete mit Kommunikation, und die ist nicht nur wichtig, um Ihren Verein am Laufen zu halten und zu seinem Erfolg beizutragen, sondern auch, um daran zu arbeiten, den Fußball zu verändern.

Seit geraumer Zeit, nämlich seit der Fußball mehr und mehr von Menschen und Unternehmen heimgesucht wird, die in ihm eine Cashcow sehen, die sich in Clubs einkaufen, sie sogar aufkaufen und sie dazu missbrauchen, ihr Vermögen und/oder ihr Ego zu vergrößern, ist mehr und mehr festzustellen, dass sich die Leute von den großen Clubs abwenden. Weg vom Rampenlicht, zurück zu den Wurzeln. Grassroots-Fußball statt moderner Fußball, fanbeziehungsweise mitgliedergeführte Vereine statt Kapitalgesellschaften, in denen an den Fans vorbei oder sogar über sie hinweg agiert wird.

Es scheint, als komme so langsam, aber sicher ein Stein ins Rollen, der zur Lawine werden könnte. In England, wo es die Mächtigen schon vor längerer Zeit übertrieben haben, versuchen sogenannte Supporters Trusts, die Anteile an den Kapitalgesellschaften, die einst ihre vereine waren, zurückzukaufen. Manchen hatte man diese Chance ganz genommen, sie mussten ihre Vereine neu gründen. Der AFC Wimbledon ist so ein Beispiel eines »fandriven clubs«, nachdem man den ursprünglichen Verein einfach nach Milton

Keynes versetzte und umbenannte. Prominent ist auch das Beispiel des FC United of Manchester, der von ManU-Fans gegründet wurde, nachdem der Milliardär Malcolm Glazer den Verein Manchester United im Jahr 2005 aufkaufte und zum Privateigentum seiner Familie gemacht hatte. Auch auf dem europäischen Festland, in Spanien, Italien, Österreich oder auch Deutschland, finden sich neu gegründete Clubs, die man als Alternativen, teilweise auch als Gegenstück zu den Entwicklungen im Profifußball ansehen darf.

Folgen Sie meinem Rat als jemand, der vom modernen Fußball genug hat und gründen Ihren eigenen Verein, so gehören auch Sie dazu und können den Fußball bereichern oder sogar verändern. Alle genannten Beispiele haben gemein, dass sie von Anfang an über ein gewisses (und manchmal auch enormes) Fan- und Mitgliederpotenzial verfügten und somit in ihren jeweiligen Ligen ein Alleinstellungsmerkmal hatten.

Denn machen wir uns nichts vor, Fußball in den Amateurklassen findet von der Öffentlichkeit beinahe unbeachtet statt, wenn nicht gerade ein glücklicher Underdog in den jeweiligen nationalen Pokal einzieht. So ist es auch in Deutschland.

Gerade in Deutschland haben solche Vereine ein gewisses Potenzial, nämlich den Blick der Menschen auf die Ligen jenseits des großen Geldes zu lenken. Dorthin, wo in den letzten Jahren leider mehr und mehr Zuschauer abwanderten. Sie sind die Chance, den Amateurfußball zu reanimieren und gleichzeitig zu zeigen, dass attraktiver Fußball mit sozialer Verantwortung, abseits der Kommerzialisierung, möglich ist. Doch dazu bedarf es einer behutsamen und bedachten Vorgehensweise.

So attraktiv Ihr Fußball ist, so schön Ihr Stadion und so zahlreich Ihre Anhängerschaft, irgendwann werden Sie an den Punkt kommen, an dem auch Sie Geld in die Hand nehmen müssen – richtig viel Geld. Daran führt kein Weg vorbei. Beschreiten Sie diesen aber zum einen bloß nicht zu früh! Sie beginnen in der untersten Liga Ihres Landesverbandes, knapp über dem Freizeitliganiveau. Kommen Sie bloß nicht auf die Idee, Ablösegelder zu zahlen oder sogar zu fordern! Lehnen Sie dies ab und kommunizieren Sie das! Es geht hier um die unterste Liga, verdammt! Zum anderen sollten Sie auch später, wenn es wirklich nötig wird, Ablösen zu zahlen, Augenmaß halten. Verweigern Sie sich dem Karussell unangebrachter und obszöner Summen, und berichten Sie Fans und Mitgliedern transparent und regelmäßig über Ihre Geschäfte! Je größer Ihr Verein wird und je höher er spielt, desto wichtiger ist es, dass Sie zeigen, dass bei Ihnen alles korrekt und nachvollziehbar abläuft. Dass keine versteckten Sümmchen für Spieler X geflossen sind oder Handgelder an Spieler Y gegangen sind. Denn genau diese Mauscheleien, die von grauen Herren in grauen Anzügen in Hinterzimmern von Fußballgeschäftsstellen oder Luxushotels getätigt werden, machen einen nicht unerheblichen Teil des modernen Fußballs aus, wie wir ihn heute kennen. Sie sind der Grund dafür, dass die großen Clubs der Welt nur noch dem großen Geld hinterherjagen, und leider auch in geringerem Ausmaße dafür, dass sich Clubs in den unteren Ligen veranlasst sehen, es ihnen gleichzutun.

Zeigen Sie lieber Ihre soziale Verantwortung, wo es möglich ist. Kleiderspenden für karitative Einrichtungen, freier Eintritt für Mittellose zu bestimmten Spielen, Spendenveranstaltungen und Benefizspiele sind kleine Beiträge mit großer Wirkung, die zudem den Vorteil haben – auch wenn das jetzt etwas seltsam klingt –, neben dem Adressaten der karitativen Aktion auch den Amateurfußball in den Blick der Öffentlichkeit zu rücken, denn nur so werden Sie Nachahmer finden. Vereine, die es Ihnen gleichtun. Nur so werden Sie den Fußball verändern und zu einem besseren Sport machen. Das erreichen Sie mit Sicherheit nicht, wenn Sie es so machen wie alle anderen. Seien Sie kreativ und führen Sie nicht nur Ihren Verein, sondern auch den Fußball zurück ans Licht. Und zwar nicht ans künstliche Licht der Fernsehscheinwerfer, sondern an die Sonne!

NACHWORT

Lieber Leser, hinter Ihnen liegen 66 Kapitel, die Ihnen helfen sollten, Ihre Zeit auch ohne Bundesliga-Fußball herumzubekommen. Wenn Sie bis hierhin gelesen haben, so ist das zumindest schon einmal insoweit gelungen, als dass Sie mehrere Stunden damit verbracht haben, ernste und manchmal auch eher ironisch gemeinte Vorschläge zu lesen und zu eruieren, ob für Sie etwas dabei sein sollte. Wenn Sie ein neues Hobby gefunden haben sollten, freut mich das. Sollten Sie über meine Vorschläge nur den Kopf schütteln, so ist mir das auch recht, denn ich habe dieses Buch meist immer dann geschrieben, wenn die Bundesliga im deutschen Fernsehen lief, und konnte mich so erfolgreich davon abhalten, den Spielen beizuwohnen.

Wie im Krieg und in der Liebe ist übrigens auch beim Fußball alles erlaubt. Soll heißen: Wenn Sie es nun ohne Fußball-Bundesliga überhaupt nicht aushalten können, dann gehen Sie um Gottes willen wieder ins Stadion oder in die Kneipe und lassen Sie sich berieseln. Die Welt wird davon schon nicht untergehen (außer vielleicht Ihre Beziehungswelt). Sie können Sommer- und Winterpause ohne Fußball nicht aushalten? Kaufen Sie sich einen Decoder und gucken Sie die Wiederholungen der vergangenen 20 Jahre! Sie wissen, dass Sie Teil des Problems sind, können sich aber von ihren Bundesliga-Stars nicht losreißen? Dann versuchen Sie es wenigstens etwas herunterzufahren und nur noch auswärts zu fahren. Ihr Partner ist Ihnen lang genug auf der Nase herumgetanzt und hat die Zahnpastatube immer vorne gedrückt? Super! Gehen Sie wieder zum Fußball und hinterher auf Braut- beziehungsweise Bräutigamschau!

Vielleicht haben Sie ja auch tatsächlich mit dem Fußball als Stadionerlebnis, nicht jedoch als großem Ganzen abgeschlossen und sind grundsätzlich der Meinung, dass es Zeit für eine Veränderung ist. Vielleicht verwirklichen Sie ja Ihren großen Kindheitstraum, wandern in die Südsee aus und eröffnen eine deutsche Eckkneipe auf Samoa, in der Einheimische und Touristen mit Ihnen zusammen die Bundesligaübertragung via Pay-TV verfolgen. Wie auch immer:

Machen Sie einfach, wie Sie meinen! Ich bin Ihnen nicht böse, wenn Sie keinem meiner Tipps folgen. Ich freue mich allerdings umso mehr, wenn Sie beschließen sollten, sich tatsächlich als Vereinsgründer zu betätigen und eine weitere Alternative zum »Produkt Bundesliga« zu bieten. Ich komme dann gern auf ein Bier und eine gut gegrillte Wurst vorbei, um mich mit Ihnen und Ihren Mitstreitern auszutauschen, ehrlichen Fußball zu sehen und nach dem Spiel steil zu gehen!

SCHWARZKOPF & SCHWARZKOPF

111 GRÜNDE, FRAUENFUSSBALL ZU LIEBEN

WICHTIG IS AUFM PAPIER:
EHRLICH UND HUMORVOLL IN DIE OBERE LINKE ECKE

111 GRÜNDE, FRAUENFUSSBALL ZU LIEBEN
EINE LIEBESERKLÄRUNG
AN DEN GROSSARTIGSTEN SPORT DER WELT
Von Rosa Wernecke und Stine Hertel
296 Seiten, Taschenbuch
ISBN 978-3-86265-405-5 | Preis 9,95 €

»Eine ehemalige Fast-Nationalspielerin und eine Tischtennisspielerin schaffen mit diesem Buch das Vorurteil, Fußball sei ein Männersport, aus der Welt. Sie beleuchten die Geschichte des Frauenfußballs und stellen hierbei Parallelen zur Emanzipationsgeschichte fest. Außerdem wird die ›bisweilen absonderliche‹ Medienberichterstattung verfolgt. Rosa Wernecke und Stine Hertel blicken in ihrem Buch über den Fußball hinaus.« fussball-kultur.org

»Das war überfällig: In ihrem Buch erklären die Autorinnen, warum Frauenfußball der großartigste Sport der Welt ist. Unterteilt sind ihre Begründungen, die in Wahrheit viele kleine Anekdoten sind, in acht Kapitel. Die Liebeserklärung beginnt bei der Steinzeit des Frauenfußballs und ersten Stars wie Lotte Specht und Lily Parr, blickt anschließend auf erfolgreiche Vereine und endet schließlich bei der zwölften Frau. Dem Fan.« framba.de

WWW.SCHWARZKOPF-SCHWARZKOPF.DE

SCHWARZKOPF & SCHWARZKOPF

111 GRÜNDE, HANDBALL ZU LIEBEN

EINE LIEBESERKLÄRUNG AN DIE FASZINIERENDSTE SPORTART DER WELT,
DIE IN DEUTSCHLAND SCHON LANGE KEIN GEHEIMTIPP MEHR IST

111 GRÜNDE, HANDBALL ZU LIEBEN
EINE LIEBESERKLÄRUNG AN DIE
GROSSARTIGSTE SPORTART DER WELT
Mit einem Vorwort von Bundestrainer Dagur Sigurðsson
Von Julia Nikoleit
240 Seiten, Taschenbuch
ISBN 978-3-86265-557-1 | Preis 9,99 €

Schnell, torreich, attraktiv: Handball ist ein begeisternder Sport. Wer einmal die mitreißende Atmosphäre erlebt hat, die landauf, landab in den Hallen herrscht, wird nicht wieder darauf verzichten wollen.

In den vergangenen 100 Jahren hat der Handball viele Geschichten geschrieben – dieses Buch bündelt 111 davon. Es vereint Weltmeister und Olympiasieger mit dem Handballalltag von nebenan, umfasst unterhaltsame Anekdoten, berührende Schicksale und Rückblicke in die spannende Geschichte.

Deutschland ist das Mutterland des Handballs, es ist seine Heimat. Nicht nur deshalb gibt es viel mehr als 111 Gründe, Handball zu lieben – doch 111 sind zumindest ein Anfang. Ein Anfang, der einen tiefen Einblick in die faszinierende Welt des Handballs gewährt.

WWW.SCHWARZKOPF-SCHWARZKOPF.DE

SCHWARZKOPF & SCHWARZKOPF

111 GRÜNDE, BOXEN ZU LIEBEN

FASZINATION BOXSPORT – VON FLIEGENDEN FÄUSTEN,
MENSCHLICHEN DRAMEN IM RING UND DER POESIE DES KÄMPFENS

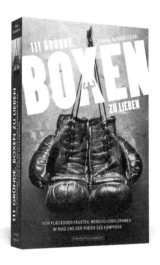

111 GRÜNDE, BOXEN ZU LIEBEN
VON FLIEGENDEN FÄUSTEN, MENSCHLICHEN DRAMEN IM RING
UND DER POESIE DES KÄMPFENS
Von Frank Nussbücker
360 Seiten, Taschenbuch
ISBN 978-3-86265-406-2 | Preis 9,95 €

»In 111 GRÜNDE, BOXEN ZU LIEBEN schildert Autor Frank Nussbücker, was er in den letzten 39 Jahren bei seinen Berührungen mit diesem Sport erlebte.« *Boxsport*

»Der Autor offenbart unverblümt seine Begeisterung für die schöne Kunst der Sebstverteidigung. Das ist für den Leser informativ und unterhaltsam. Nussbücker legt seine 111 Gründe in sehr kurzen Abschnitten dar, die jeweils in sich eine geschlossene Geschichte sind. Wer auch nur einen Funken Interesse für das Boxen hat, der liest sich schnell fest.« *boxwelt.com*

Interessantes Wissen und spannende Geschichten rund um den modernen Faustkampf. Frank Nussbücker schreibt eine Liebeserklärung an die edle Kunst der Selbstverteidigung.

WWW.SCHWARZKOPF-SCHWARZKOPF.DE

SCHWARZKOPF & SCHWARZKOPF

111 GRÜNDE, EISHOCKEY ZU LIEBEN

RASTLOS, DYNAMISCH, KÖRPERBETONT: SO IST DER SCHNELLSTE
MANNSCHAFTSSPORT DER WELT, SO IST WIRKLICH NUR EISHOCKEY

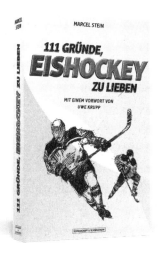

111 GRÜNDE, EISHOCKEY ZU LIEBEN
MIT EINEM VORWORT VON UWE KRUPP
Von Marcel Stein
240 Seiten, Taschenbuch
ISBN 978-3-86265-514-4 | Preis 9,99 €

Eishockey hat viele Facetten, es ist ein Sport, zu dessen Grundelementen die Härte gehört und der diese vereint mit atemberaubender Technik sowie nie nachlassendem Tempo.

Dieses Buch erzählt davon in vielen Geschichten, es berichtet von Helden, von besonderen Momenten, von großen Spielen und großen Gesten, von Eigenarten. Es blickt auch zurück in die Historie des schnellsten Mannschaftssports der Welt, schildert eigene Erfahrungen, die der Autor in Deutschland, Europa und Nordamerika gesammelt hat.

111 GRÜNDE, EISHOCKEY ZU LIEBEN vermittelt einen umfassenden, teils sehr persönlichen Einblick in einen besonderen Sport, der über Zahlen und Ergebnisse hinausreicht, in einen Sport, der in manchen Ländern sogar an erster Stelle steht.

WWW.SCHWARZKOPF-SCHWARZKOPF.DE

PHILIPP MARKHARDT wurde im Jahr des zweiten Europameistertitels der deutschen Fußballnationalmannschaft in Hamburg geboren und war mehr als 19 Jahre Mitglied des HSV, dem er seit Beginn der Neunzigerjahre folgte. Seit Herbst 2014 hat er kein Bundesligastadion mehr von innen gesehen. Er verfasste diverse Bücher über Fußball und gründete als Antwort auf den »modernen Fußball« mit Freunden den HFC Falke e.V.

Philipp Markhardt
HOW TO SURVIVE OHNE FUSSBALL
Wie man ohne Bundesliga überleben kann
Mit Illustrationen von Jana Moskito

ISBN 978-3-86265-567-0
© Schwarzkopf & Schwarzkopf Verlag GmbH, Berlin 2016
HOW TO SURVIVE – DIE REIHE MIT DEM HAI wird von Martin Brinkmann und Oliver Schwarzkopf herausgegeben | Alle Rechte vorbehalten. Dieses Werk ist urheberrechtlich geschützt. Jede Verwendung, die über den Rahmen des Zitatrechtes bei korrekter und vollständiger Quellenangabe hinausgeht, ist honorarpflichtig und bedarf der schriftlichen Genehmigung des Verlages. | Autorenfoto: © Patrick Franck; Coverfotos: © I.Petrovic/depositphotos.de; © KrivosheevV/thinkstockphotos.de; halfpoint/depositphotos.de

KATALOG
Wir senden Ihnen gern kostenlos unseren Katalog.
Schwarzkopf & Schwarzkopf Verlag GmbH
Kastanienallee 32, 10435 Berlin
Telefon: 030 – 44 33 63 00
Fax: 030 – 44 33 63 044

INTERNET | E-MAIL
www.schwarzkopf-schwarzkopf.de
info@schwarzkopf-schwarzkopf.de